JN025292

こんなにおもしろい
社会福祉士
の仕事

飯塚 慶子
KEIKO Iizuka

第2版

Social Worker

中央経済社

はじめに

今まで出会った社会福祉士は，大きく2つのタイプに分かれます。

福祉がいい，という社会福祉士と，
福祉でいい，という社会福祉士です。

「福祉がいい」と志高く福祉をめざした社会福祉士にフォーカスして取材を始めたつもりが，社会福祉士の多彩な活躍に触れ，「福祉でいい」すなわち消去法で福祉の仕事に就くのも悪くない，と思うようになりました。

たまたま福祉系の大学だったし，他に有利な道がないし，友だちから誘われて，など，動機がなんであれ，社会福祉士のスイッチを入れるのは「相談援助の相手＝クライエント」です。ある里親さんを紹介します。

里親のレスパイト・ケア～親を休む～という制度

社会福祉士とクライエント

奥様が子宮の病気を患い，子どもをあきらめ，思い切って里親になったというご夫婦（70代）にこんな質問をしたことがあります。

Q　「里親になってよかったと思えたのはいつですか？」

ご夫婦はしばらく里親人生を振り返り，こう答えました。

里親夫婦　「孫が生まれたときです」

里子を迎え入れ，その里子が結婚して，子どもを生むまで，その間15年ほど，同じ社会福祉士（Aさん，男性）がずっと支えてくれたそうです。

里親夫婦　「堂々と弱音を吐ける。Aさんは怒りもしないし，そうかといって『がんばれ』と励ましたりもしない。困って振り返ればそこにいるような，

我々にとっては，いつも身につけているお守りのような存在でした」

社会福祉士 A さん　相談援助 22 年目

「実子を育てるのも大変なのに，里子となると，大変さの種類が違います。言ってもしょうがないとわかっていながら『どうせ血がつながってないし』というセリフを，里子は言ってしまう。里親も『一生懸命育ててやっているのに』とむなしいセリフで返してしまう。泥沼のようなステージで，もがいているように見えますが，そうやって**少しずつ親子っぽく**なっていきます。親子関係に正解はありませんから，失敗しても立ち止まらずに前に進めばいいと思います」

里親になるまでの流れ

里親になるまでの流れは次のとおりです。

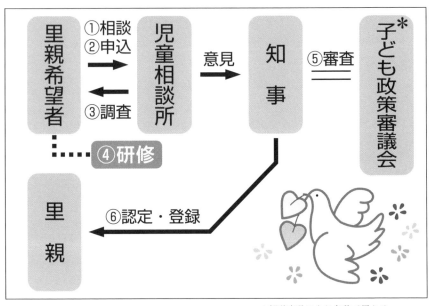

＊都道府県により名称が異なる。
資料：「里親制度について」（石川県 HP）

レスパイト・ケア　～親を休む～

　Ａさんが時折，レスパイト・ケア★を勧めてくれたのも，里親を続けるエネルギーになったとご夫婦は言います。「親を休む」なんて，恥ずかしくて自分からは言えないけど，Ａさんが「たまにはいいんですよ」と正当化してくれたので，思い切って一息ついたそうです。休んで心身ともにリフレッシュすることで，親子共倒れを防ぎ，自分たちの関係を**客観的に見つめ直す**ことができます。

★レスパイト・ケア

　レスパイト（respite）とは，「ひと休み」，「息抜き」という意味である。委託児童を養育している里親家庭が，一時的な休息のための援助を必要とする場合に，他の里親，乳児院，児童養護施設などを活用して子どもを預けることができる。以前は利用日数年間７日以内という制限があったが，現在は撤廃されている。

クライエントから学ぶ姿勢

社会福祉士とクライエント

社会福祉士Ａさん

　福祉の世界に「休む」制度があるのは，オペラの休憩時間と同じです。休憩の後，人間関係がまた本来の輝きを取り戻します。ぼくは卒業後，百貨店の営業職に就きましたが，１年続かず，たまたまハローワークで空きがあった今の仕事にたどり着きました。もう後がないと焦り，ただガムシャラに里親支援を続けてきました。「一生懸命だからこそ，親を休んでいいよね」という冷静な視点を教えてくれたのは里親さんたちです。たまに**立ち止まって毎日の景色を確認する姿勢**を学びました。

　いまコロナ禍の重たい注目を集める福祉・介護の現場。かすかな光の中を正解に向かって，とりあえず奔走する毎日。うつむいたままでも，昨日と景色が

変わらなくても，それが逃げていないことをそっと気づかせてくれる，社会福祉士という仕事。

　増刷を迎え，未来への期待をかみしめつつ，クライエントの喜怒哀楽に寄り添う社会福祉士ライフをご紹介します。

　令和2年12月

飯塚　慶子

推　薦　文

社会福祉士への最良の道案内

　本書の第4章では，困難を抱えた当事者がこうありたいという状態に進んでいくことを，様々な場で，また様々な形で支援する社会福祉士のいきいきとした姿が描き出されています。社会福祉の世界は複雑な制度の上に成り立っており，社会福祉士は制度を熟知して，制度に則って仕事を淡々と進めていく専門家というイメージもありますが，飯塚慶子さんのインタビューに答える一人ひとりの社会福祉士は，クライエントとともに考え，それぞれの問題を解決につなげようとする等身大の人びとです。「こんなにおもしろい社会福祉士の仕事」であることがストレートに伝わってきます。

　このようにやりがいのある社会福祉士の仕事に就くためには，難しい国家試験に合格しなければなりません。そのための勉強をいかに合理的に楽しく行うかについて，飯塚さんが蓄積したノウハウのエッセンスが，第2章と第3章に分かりやすく示されています。さらに社会福祉士として経験を積んでいくと，その先に広がるキャリアアップの可能性はどのように用意されているのかについても知ることができます。本書は，社会福祉士に関心のある人が，モチベーションをもって資格取得に取り組み，自分の将来の姿を思い描くことを可能にする，社会福祉士への最良の道案内であると思います。

　飯塚慶子さんと初めて会ったのは2000年春に遡ります。私が1997年に湘南藤沢キャンパス（SFC）に着任し，大学院の研究室が立ち上がろうとしていた頃で，飯塚さんは研究室の基礎をつくる役割を担ってくれた一人です。私は都市計画を学んだあと，国立社会保障・人口問題研究所で地域人口や家族の変動に関する研究をしていたため，研究室では，都市，家族，コミュニティ，住まい，高齢社会などに関わる幅広いテーマの院生を受け入れていました。一見すると「社会福祉」とは接点がない研究室ですが，結果的に，高齢者グループ

リビング，精神障害者のワーキングライフ，要保護児童の自立支援，家庭的養護の新たな展開，認知症高齢者の地域ケアといった社会福祉と関連の深いテーマの研究が行われることになりました。今回，本書のゲラを読んで，一人ひとりが「ふつうの暮らし」を求めるなかに社会福祉の仕組みがあるという，当時これらの研究を通して得た感覚が蘇りました。日本社会のなかで社会福祉が置かれた状況への視点を持っていることも，本書が社会福祉士への最良の道案内であると考えるもう一つの所以です。

　本書が社会福祉士に関心を持つ人に幅広く読まれることを期待するとともに，推薦の機会を与えられたことを心より嬉しく思います。

　平成 30 年 6 月

慶應義塾大学 名誉教授　大江　守之

推 薦 文

　本書が社会福祉士の援助を必要とする方々の目にとまり，社会福祉士の仕事を広く知っていただくきっかけとなることを期待しています。

平成 30 年 6 月

公益社団法人　**日本社会福祉士会**

目　　次

はじめに

推薦文　慶應義塾大学 名誉教授　大江守之

　　　　公益社団法人　日本社会福祉士会

第1章　社会福祉士をめざす理由

第2章　社会福祉士国家試験制度

第3章　社会福祉士合格の近道

第5章　社会福祉士のキャリアアップ

第6章　社会福祉士にプラスする資格

Column

第 1 章

社会福祉士をめざす理由

福祉がいい人，福祉でいい人。
どの社会福祉士にも，その道を選んだ理由があ
ります。
調査によれば社会福祉士になる一番の理由は
「専門職としての知識・技術を得るため」です。
社会福祉士＝相談援助のプロをめざす，そのス
タートを追いました。

1 私が社会福祉士をめざした理由

社会福祉士へ見切り発進

　社会福祉士を取得した当時，福祉とは接点のない出版社で中学生向けの英語教材を作っていました。会社の帰り道，トム・クルーズが主演した『ザ・エージェント』（1996 年トライスター・ピクチャーズ製作）を観ていると
「心が空っぽな人は，頭も空っぽだ」
というセリフが流れ，急に今の自分が薄っぺらく見えてきたのです。

　未来ある子どもたちのために一生懸命働いているつもりでしたが，もしかしたら自分の力を届けるべき相手は，他にいるのではないか。働くことを頭ではなく，心で考えてみよう，と自分を見つめ直しました。

　社会福祉のキャリアはゼロでしたので，社会福祉士国家試験の受験資格を得るため，養成施設（p.8 参照）に通う必要がありました。当時は残業が月 100 時間を超えており，仕事と両立できるかまったく自信がない……会社の先輩（唯一の社会福祉士）に相談したところ，「自信なんて最初から持てるわけないし，**先の正解はわからないから，勉強しながら考えたらいいんじゃない**」と助言され，「それもそうだ」と気を取り直し，通信教育を受講し始めました。

社会福祉士デビュー時代

小さな自覚，大きな失敗

　実習先は児童相談所でした。お子さんの発達障害を相談しにいらした若いご両親に，傍観する態度で接してしまい，指導員に「**相談する側と相談される側は紙一重です**」とガツンと言われ，クライエントと自分の間に引いていた境界線に気づき，恥じました。

　支援相談員として勤めた老人保健施設では，頸椎損傷の男性が在宅復帰される際に，至るところのバリアを平（たいら）にしてしまい，その方の意欲まで平たくしてしまいました。

　自分に面接の技術があったのなら，専門的な知識があったのなら，クライエントのその後の人生をもう少し輝かせることができたのでは，後悔のあとにはまた違う種類の後悔が続き，プロとしての自覚が持てない日々が続いておりました。

 ## 社会福祉士を取得した動機

社会福祉士取得は「専門職としての知識・技術を得るため」

　（公財）　社会福祉振興・試験センター「平成 27 年度社会福祉士・介護福祉士就労状況調査」（以下，調査）（N＝9,000）によれば，社会福祉士を取得した動機（複数回答）を見ると，「専門職としての知識・技術を得るため」が約8割を占めました。次いで高いのは，「就職・転職に有利なため」です。キャリアアップの足がかりとして，社会福祉士を取得していることがよくわかります。

図表1　社会福祉士の取得動機

社会福祉士を取得した動機

割合	専門職としての知識・技術を得るため	就職・転職に有利なため	社会的評価を得るため	他の専門職から専門職として認めてもらうため
	76.90%	39.70%	24.10%	21.50%

資料：「平成27年度社会福祉士・介護福祉士就労状況調査」（公益財団法人社会福祉振興・試験センターHP）

 4 ## 社会福祉士は一生の仕事

社会福祉士の仕事を「続けたい」が半分以上

同調査によれば，「今の仕事が好きなので，この先も続けたい」に対して，「いつもそう思う」が14.80％，「どちらかというとそう思う」が40.4％であり，合計すると半分以上を占めました。「今の仕事でキャリアを追求したい」に対して賛成の回答をした割合も48.5％を占め，仕事としての満足度が高く，一生の仕事として捉えている姿勢が伝わります。

図表２　社会福祉士の仕事に対する意識

今の仕事が好きなのでこの先も続けたい

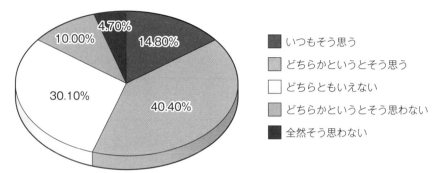

- ■ いつもそう思う
- ■ どちらかというとそう思う
- □ どちらともいえない
- ■ どちらかというとそう思わない
- ■ 全然そう思わない

資料：「平成 27 年度社会福祉士・介護福祉士就労状況調査」（公益財団法人社会福祉振興・試験セン
　　　ター HP）

 **社会福祉士の仕事**

主な仕事は「①相談，②連携，③援助」

　社会福祉士とはどんな仕事をする資格なのでしょうか。「社会福祉士及び介
護福祉士法」（昭和 62 年法律第 30 号）第 2 条第 1 項の定義によれば，以下の
ように規定されています。

法律上の定義

> 　社会福祉士とは社会福祉士の名称を用いて，**専門的知識及び技術**をもっ
> て，身体上若しくは精神上の障害があること又は環境上の理由により日常
> 生活を営むのに支障がある者の福祉に関する**相談に応じ**，助言，指導，福
> 祉サービスを提供する者又は医師その他の保健医療サービスを提供する者
> その他の関係者との**連絡及び調整その他の援助を行う**ことを業とする者を
> いう。

図表3　社会福祉士の仕事

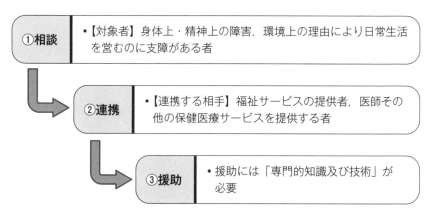

①相談　・【対象者】身体上・精神上の障害，環境上の理由により日常生活を営むのに支障がある者

②連携　・【連携する相手】福祉サービスの提供者，医師その他の保健医療サービスを提供する者

③援助　・援助には「専門的知識及び技術」が必要

　社会福祉士の仕事は画一的ではなく，その勤務先，対象者，担当するクライエントの抱える問題等によって大きく異なります。第4章では7人の社会福祉士を取材しました。

＊国家試験については2020（令和2）年12月14日時点の情報です。

　最新情報は「公益財団法人　社会福祉振興・試験センター」（p.9参照）でご確認ください。

第2章

社会福祉士国家試験制度

合格ライン・合格率の推移

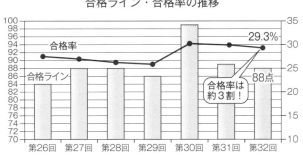

10人に3人しか受からない

福祉資格の最難関試験，社会福祉士

150問を4時間で素早く正しく解き，

約6割を得点しなければなりません。

しかも，受験資格が必要な資格です。

社会福祉士の第一歩，

まずは試験制度をご紹介しましょう。

試験ガイド
1

どうやったら社会福祉士になれるのか

資格の取得方法

　社会福祉士を取得するには，まず①**受験資格を取得**し，②**社会福祉士国家試験に合格**し，③**社会福祉士に登録**しなければなりません。この3つのハードルのうち，一番高いのが②，続いて①です。③は事務的な「手続き」なので，書類等に問題・不足がなければ「登録完了」となります。

図表1　社会福祉士の取得方法

① ・受験資格を取得する　　　（p.9 参照）

② ・国家試験に合格する　　　（p.11参照）

③ ・社会福祉士に登録する

社会福祉振興・試験センター

　国家試験や社会福祉士資格に関する問い合わせ先は「公益財団法人 社会福祉振興・試験センター」（以下，試験センター）です。国家試験の申し込み先でもあります。外出先からでも問い合わせができるように，連絡先を控えておきましょう。

> 試験・資格に関する問い合わせ先
>
> **公益財団法人 社会福祉振興・試験センター**
>
> 〒150-0002 東京都渋谷区渋谷１丁目５番６号　SEMPOS（センポス）ビル
>
> 専用電話番号（03-3486-7559）音声案内，24 時間対応
>
> http://www.sssc.or.jp/index.html

受験資格を取得する

　試験センターによれば，国家試験を受験する資格を取得する方法は以下のとおりです。資格取得ルートが 12 ルート規定されています（図表２）。

受験資格（第 33 回国家試験の場合）

(1)　４年制大学で指定科目を修めて卒業した方

(2)　２年制（又は３年制）短期大学等で指定科目を修めて卒業し，指定施設において２年以上（又は１年以上）相談援助の業務に従事した方

(3)　社会福祉士短期養成施設（６月以上）を卒業（修了）した方

(4)　社会福祉士一般養成施設（１年以上）を卒業（修了）した方

注意点！

受験資格の確認が必要です

　資格取得ルートには，受験資格を満たすために細かい規定があります。どのルートも期間が長いですから，「受験資格が取得できると思ったのに，１科目足りなかった」という残念な事態に陥らないために，試験センターで受験資格を確認してから，スタートするのが無難でしょう。

受験手数料

　試験センターによれば，受験手数料は次のとおりです。なお，社会福祉士受験者は介護福祉士，精神保健福祉士を併願することができます（p.13 参照）。

受験手数料（第33回）

社会福祉士のみ受験する場合：15,440円

社会福祉士と精神保健福祉士を同時に受験する場合：28,140円（社会13,980円＋精神14,160円）

社会福祉士の共通科目免除により受験する場合：13,020円

図表2　資格取得ルート図

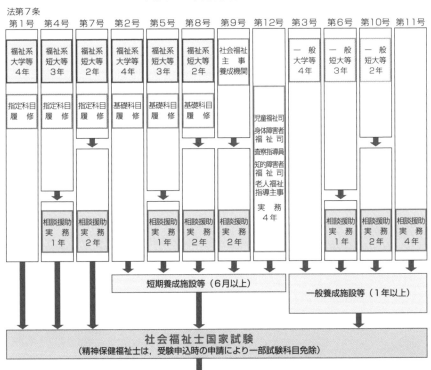

資料：「受験資格（資格取得ルート図）」（公益財団法人社会福祉振興・試験センターHP）

試験ガイド
2

7月頃から試験が動き出す

国家試験を受ける

　第33回国家試験は2021年2月7日（日曜日）に実施予定です（図表3）。試験の概要が発表されるのは例年7月頃からです。試験の申し込みには，手配に時間がかかる書類もありますので，**夏になったら早めに動き出しましょう。**

図表3　試験日程

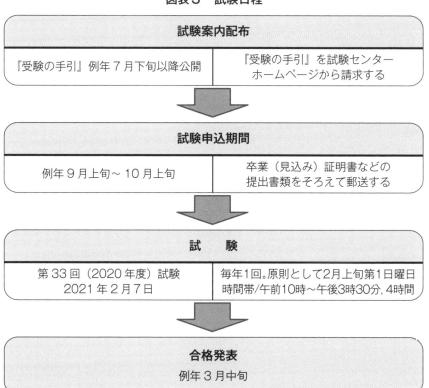

試験案内配布	
『受験の手引』例年7月下旬以降公開	『受験の手引』を試験センター ホームページから請求する

試験申込期間	
例年9月上旬〜10月上旬	卒業（見込み）証明書などの 提出書類をそろえて郵送する

試　　験	
第33回（2020年度）試験 2021年2月7日	毎年1回。原則として2月上旬第1日曜日 時間帯／午前10時〜午後3時30分，4時間

合格発表
例年3月中旬

図表3-2　試験日時と試験科目，合格基準（第33回国家試験）

試験時間	
午　前	午　後
10 時 00 分～12 時 15 分	13 時 45 分～15 時 30 分
試験科目	
【共通科目】 ① 人体の構造と機能及び疾病 ② 心理学理論と心理的支援 ③ 社会理論と社会システム ④ 現代社会と福祉 ⑤ 地域福祉の理論と方法 ⑥ 福祉行財政と福祉計画 ⑦ 社会保障 ⑧ 障害者に対する支援と障害者自立支援制度 ⑨ 低所得者に対する支援と生活保護制度 ⑩ 保健医療サービス ⑪ 権利擁護と成年後見制度	【専門科目】 ⑫ 社会調査の基礎 ⑬ 相談援助の基盤と専門職 ⑭ 相談援助の理論と方法 ⑮ 福祉サービスの組織と経営 ⑯ 高齢者に対する支援と介護保険制度 ⑰ 児童や家庭に対する支援と児童・家庭福祉制度 ⑱ 就労支援サービス ⑲ 更生保護制度

配点・解答方法
1 問 1 点，150 点満点 5 選択肢のうち 1～2 つの解答を選ぶ全問マークシート方式。記述問題はなし
合格基準
次の 2 つの条件を満たした者を合格者とする。 1　問題の総得点の 60％程度を基準として，問題の難易度で補正した点数以上の得点の者（第 32 回国家試験は 88 点以上が合格）。 2　1 を満たした者のうち，上記①～⑲の 18 科目群すべてにおいて得点があった者（⑱⑲は 1 科目群と数えます）。

試験ガイド

3

他の福祉国家資格も同時に受験できます

ダブル受験

社会福祉士と精神保健福祉士

同じ年にダブル受験が可能です。しかも，社会福祉士をすでに登録した者（登録申請中含む）は，受験申し込み時に必要な書類を提出することで，共通科目が免除されます。精神保健福祉士をすでに登録した者（登録申請中含む）は，必要な書類を提出し，共通科目が免除されます。

図表4　科目免除

	社会福祉士試験		精神保健福祉士試験	
	共通科目	専門科目	共通科目	専門科目
社会福祉士登録者	―	―	免除	受験
精神保健福祉士登録者	免除	受験	―	―

社会福祉士と介護福祉士

ダブル受験が可能です。例年，社会福祉士国家試験と介護福祉士国家試験は同じ日に実施されていましたが，社会福祉士国家試験と介護福祉士国家試験のダブル受験が可能になったことから，社会福祉士国家試験が1週間遅く，実施されることになりました。なお，介護福祉士は3月に実技試験があります。

図表5　ダブル受験スケジュール

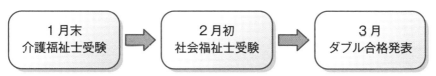

試験ガイド
4

何点取れば受かるのか

合格基準

「問題の総得点の 60％程度」＝「**150 点満点中の 90 点**」が合格基準です。そこから毎年難易度による補正があり，80 点台後半で推移していましたが，第 32 回試験では 88 点まで上昇しました。ケアレスミス，マークミスなどの思わぬマイナス点を考慮し，**自己採点で「100 点」**取れていれば，ほぼ合格と言えるでしょう。

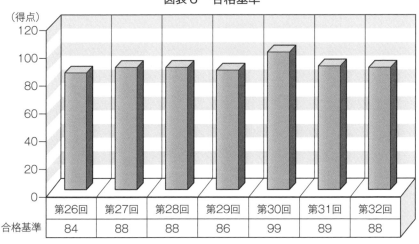

図表 6　合格基準

	第26回	第27回	第28回	第29回	第30回	第31回	第32回
合格基準	84	88	88	86	99	89	88

1 科目でも 0 点があると不合格

ただし，総合点がどんなに高得点であっても，**1 科目でも 0 点があれば不合格**です（p.12，図表 3 - 2 合格基準参照）。1 科目につき 7 問以上出題されますので，「1 点ぐらい取れるだろう」と侮る受験生が多いのですが，「足切り」不合格のリスクは侮れません。総合点で 122 点（得点率約 81％，クラスのトッ

プ得点）だった大学生が，１科目だけ０点で落ちてしまったことがあるほどです。図表7で「**０点可能性**」を一覧にしましたので，「０点を取る可能性の高い科目」には他の科目の２倍以上，勉強時間を費やすようにしましょう。

図表7　第32回試験出題数と合格目標点

分類	科目	０点可能性	第32回試験出題数	目標点
共通科目	人体の構造と機能及び疾病	—	7	5
	心理学理論と心理的支援	—	7	5
	社会理論と社会システム	○	7	5
	現代社会と福祉	—	10	6
	地域福祉の理論と方法	—	10	7
	福祉行財政と福祉計画	◎	7	3
	社会保障	◎	7	3
	障害者に対する支援と障害者自立支援制度	○	7	4
	低所得者に対する支援と生活保護制度	—	7	5
	保健医療サービス	○	7	5
	権利擁護と成年後見制度	◎	7	4
	共通科目小計		83	52
専門科目	社会調査の基礎	○	7	5
	相談援助の基盤と専門職	—	7	6
	相談援助の理論と方法	—	21	17
	福祉サービスの組織と経営	◎	7	5
	高齢者に対する支援と介護保険制度	○	10	6
	児童や家庭に対する支援と児童・家庭福祉制度	○	7	5
	就労支援サービス	○	4	2
	更生保護制度	◎	4	2
	専門科目小計		67	48
	第32回国家試験合格ライン		150	88
	合計		150	100

◎　０点を取る可能性が高い要注意科目

○　０点を取る可能性がやや高い注意したい科目

—　０点を取る可能性が低い科目

試験ガイド
5

どれぐらいの人が合格するのか

試験結果

10人に3人しか受からない難関試験

最近の合格率を見ると，**25〜30%前後で推移**しています（図表8）。第25回は特別に難しかった年で，合格率は20%を切りました。試験会場の大きさにもよりますが，座った列に前後20人が座っていれば，その中からたった6人しか受かりません。福祉の国家資格（社会福祉士，介護福祉士（第32回69.9%），精神保健福祉士（第22回62.1%））の中では，**最難関**と言えます。

図表8　試験結果

区　　分	第26回	第27回	第28回	第29回	第30回	第31回	第32回
受験者数（人）	45,578	45,187	44,764	45,849	43,937	41,639	39,629
合格者数（人）	12,540	12,181	11,735	11,828	13,288	12,456	11,612
合　格　率（%）	27.5	27.0	26.2	25.8	30.2	29.9	29.3

資料：「第32回社会福祉士国家試験合格発表　これまでの試験結果」（厚生労働省）

受験アドバイス

社会福祉士国家試験は「**暗記**(かける)**×よく出る過去問**」で合否が決まります。次の章では社会福祉士「合格の近道」を紹介しますので，目の前の参考書がまだ1ページも進んでいない方，模試で0点科目があった方，合格しないと内定が取り消されてしまうと心配している方，国家試験を受験しようと思っている皆さん，参考になさってください。

Column

遠回りした社会福祉士への道

　私は第3号コース（p.10参照）です。卒業したのは4年制大学の文学部ですから，「福祉系大学」ではなく「一般大学」に該当します。福祉系の指定科目を履修するため，一般養成施設に入学しなければなりません。働きながら通信制の学校に通うのです。向学心を満たす立派な決断に見えますが「仕事と学校の両立」は予想以上にドタバタだったと振り返っています。実習中は，昼休みに持参した仕事をしていたため，お昼ごはんを食べた記憶がありません。

資格取得が大変だった3つの理由

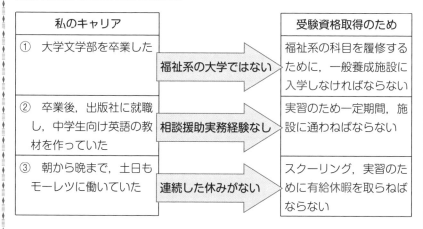

私のキャリア		受験資格取得のため
① 大学文学部を卒業した	福祉系の大学ではない	福祉系の科目を履修するために，一般養成施設に入学しなければならない
② 卒業後，出版社に就職し，中学生向け英語の教材を作っていた	相談援助実務経験なし	実習のため一定期間，施設に通わねばならない
③ 朝から晩まで，土日もモーレツに働いていた	連続した休みがない	スクーリング，実習のために有給休暇を取らねばならない

　受験資格取得まで長い道のりでしたが，福祉系の大学を出ていなくても，資格取得のチャンスがありますから，努力次第で可能性をつかむことができます。私は，福祉とかけ離れた職場にいたため，授業・実習，レポートが新鮮で，目の前の仕事だけだった視野が大きく広がっていきました。今までの人生において，最も慌ただしく，最も刺激的だった時代であり，多くの発見に恵まれていた気がします。

社会福祉士　受験者数・合格者数の推移

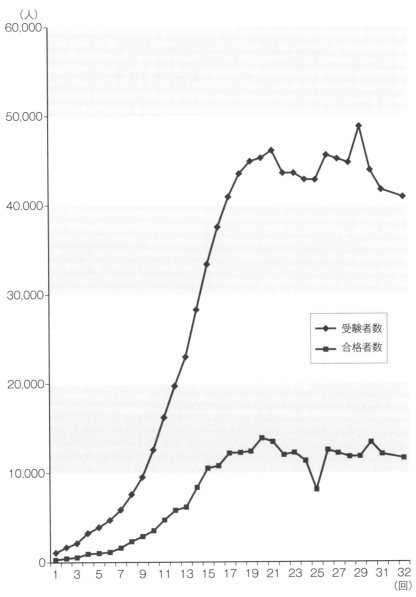

（人）

（回）

第 **3** 章

社会福祉士合格の近道

資料：『DVD 教材　＋10 点暗記力完成講座』（飯塚慶子）

合格の近道
それは「暗記の攻略」です。
国家試験は約8割が暗記問題
暗記を失敗すると合格は遠のきます。
その場で覚える暗記のコツを伝授しましょう。

1 合格の近道

得点効率を重視した文房具

受験生の机の上を見れば，合格可能性が推測できます。**同じ 1 時間でも，必ず 1 点につながるように，毎回使う文房具にも，ひと工夫してみましょう。**

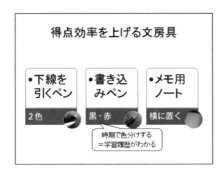

資料：『よくでる法律・白書　暗記本＆
音声解説』テキスト（飯塚慶子）

合格者の教科書・ノート

合格した方の教科書です。ただ線を引くだけでなく，引きながら，**理解と暗記を同時に進めている**ことが伝わります。1 点を取るための学習「得点効率」の高い勉強法を以下に紹介します。

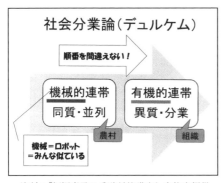

資料：『飯塚慶子の受験対策講座』合格者提供

合格ポイント
①大事なところに線が引けている
②試験に出るカタチを意識している
③落とし穴を事前に把握している

2 合格の近道

試験に出るカタチで勉強する

使うもの：下線を引く2色のペン

　国家試験は「Aですか，それとも，Bですか」という問題形式です。「Cですか」はあまり聞かれません。<u>Aの色</u>（例えば黒）と<u>Bの色</u>（例えば青）で引き分けていきましょう。色分けしておくだけで**試験当日思い出しやすくなります**。

Question

第29回試験　問題42
　共同募金を行う事業は，第二種社会福祉事業である。

Answer

正答　×　共同募金は**第一種**社会
　　　　　福祉事業です。

社会福祉事業

		第一種	第二種
名称		○○ホーム，入所と付くと第一種が多い	○○センター，短期と付くと第二種が多い
	例	特別養護老人ホーム，障害児入所施設など	老人短期入所施設，児童家庭支援センターなど
	例外	老人休養ホーム（社会福祉事業ではない）母子・父子休養ホーム（第二種）	児童心理治療施設（第一種）共同募金（第一種）

Study（勉強法）

第一種社会福祉事業 ⇒
　<u>黒のペンでアンダーライン</u>
第二種社会福祉事業 ⇒
　<u>青のペンでアンダーライン</u>

　試験当日，「一種だったかな，二種だったかな」と迷うよりは，「<u>黒だったかな</u>，<u>青だったかな</u>」と色で思い出したほうが，単純明快です。

✦注意点！

　授業中「下線を引きましょう」と申し上げると，左から右に全部引いてしまう方がいます。「下線を引く＝覚えるぞ」という約束ですから，なるべく短く，**大事なところだけを引く**ようにしましょう。

3 合格の近道

勉強した履歴，間違えた履歴を残す

使うもの：黒，青，赤のペン

　時期別に色分けすると，「いつ勉強したか」わかりますし，何回勉強したかもわかります。「何度も繰り返し見返しているところは＝苦手」ですから，ご自身で**苦手を簡単に見つけること**ができます。

Study

春・夏：４月～８月　黒で書き込む
秋　　：９月～11月　青で書き込む
冬　　：12月～１月　赤で書き込む

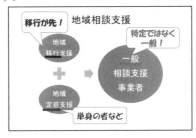

消しゴムは使わない

　ノートや参考書に「×」をつけるのは嫌なものですが，今日の「×」は明日の「○」です。間違ったところはどんどん×を付けていきましょう。間違ったところこそ，得点源になりますから，消しゴムで消すのはもったいないです！

合格者の教科書・ノート

　間違いを残し，**次に同じ問題が出たら必ず正解できるように，躓いた箇所を明記します。試験当日に間違えなければいいので，**日々の間違いは「今，間違えておいてよかった」と軽く乗り越えましょう。

地方公共団体の歳出

支出のこと

1位	2位	3位
民生費	✔ **土木**費 **教育**	○ **公債**費

資料：『飯塚慶子の受験対策講座』合格者提供

合格ポイント

①躓きポイントを明記している

②出題角度が変わっても対応できる

4 合格の近道

「受け身」の勉強から始める

社会福祉士を受験する方の忙しさは2つあります。

① 社会人受験者は「**仕事**」

② 大学生受験者は「**卒業論文と就職活動**」

仕事や就職活動が忙しいから，卒業論文の提出が近いから，夜勤明けで眠いから……勉強を始めない理由はいくらでも見つかります。理由を並べていては，いつまでたっても始まりませんから，とりあえず，**一歩踏み出す**ことが大事です。「出遅れた」と焦るばかりで一歩も進んでいない受験生にお勧めの，スタートダッシュの方法を紹介します。

スタートダッシュ①

対策講座に参加する

講師が前に立ち，ライブで解説しますので，会場に一歩入れば「勉強スタイル」が確立され，かなり即効性があり，独学よりも数倍の学習効果が望めます。

講座の即効性

講座・授業に**参加するとどれだけの効果が出るか**，試算してみました。ある年の10月25日の講義（4.5時間）に出席した生徒と欠席した生徒の得点を比べます。前回テストで同じ点数だった生徒を抽出し，「出席者平均点」と「欠席者平均点」を比べてみました。10点満点中「出席者平均点」が9.3点，「欠席者平均点」が1.16点ですので，約8倍の得点率になります（図表1）。母集団の規模や属性の違いを配慮する必要はありますが，「**授業に出る＝知識に直結する**」と言えそうです。

図表1　前回出席者と欠席者の復習テスト点数比較

10/25 復習テスト（10点満点）

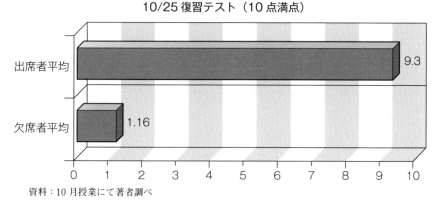

資料：10月授業にて著者調べ

　ただ，講座によっては，公務員試験など他の資格の講師が駆り出されて，その日だけ臨時講師を務めることもありますから，「社会福祉士の対策講座講師」として参考書を出しているか，大学で講義を行っているかなど，講師のキャリアを確認したほうがよいでしょう。主催者に問い合わせればわかります。対策講座のデメリットを強いて挙げれば，その日，その場所に行かなくてはなりませんから，休暇を確保できるかどうか，計画性が必要になります。

スタートダッシュ②

CD，DVD 教材を活用する

　CDやDVDで流しておけば，疲れていても，眠くても，講師の解説が視聴できますから，**すきま時間の学習効果**が見込めます。家事をしながら，食事をしながらの「**ながら学習**」はお忙しい方にお勧めです。一方で，問題集を1冊買って，使いこなすには，2週間〜1か月程度かかります。どの科目から始めて，1日何時間，何ページ程度進めればいいのか，自分で決めなければならないからです。これから教材をお買い求めになる場合，問題集を買ったけど消化できていない場合は，CD・DVD教材を使ってみると**軌道に乗りや**すいと思います。

合格の近道

文章ではなく，図表を使って勉強する

　国家試験の出題ポイントの１つ目は「**制度の違い**」です。「違い」を明確にするには，文章よりも，図表のほうがパッと見て**頭に入り**やすいですし，試験のときは思い出しやすいですね。頻出ポイント「年金制度の仕組み」を解説します。

Study　　年金制度の仕組み

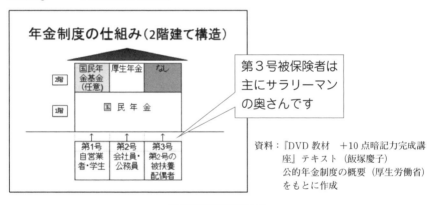

資料：『DVD 教材　＋10 点暗記力完成講座』テキスト（飯塚慶子）
公的年金制度の概要（厚生労働省）をもとに作成

過去問に挑戦！

Question

第 28 回試験　問題 52（一部改編）

　国民年金の第１号被保険者である夫（40 歳）の被扶養配偶者である妻（37 歳）は，国民年金の第３号被保険者である。

Answer

　正答　×　「**第２号**被保険者の被扶養配偶者」が第３号被保険者になります。

6 合格の近道

制度の流れは「一方通行」で押さえる

　国家試験出題ポイントの２つ目は「**制度利用の流れ**」です。流れは左から右，または上から下へ**一方通行**で押さえます。改行された文章は前後がわからなくなり非効率です。苦手 No.1「障害者総合支援法」の流れを整理しましょう。

Study　　障害者総合支援法利用の流れ

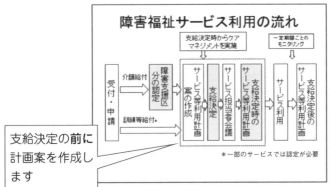

資料：『DVD 教材　＋10 点暗記力完成講座』テキスト（飯塚慶子）
障害者総合支援法（厚生労働省）をもとに作成

過去問に挑戦！

Question

第 27 回試験　問題 57（一部改編）
　障害者総合支援法のもとでの支給決定プロセスにおいて，サービス等利用計画案は支給決定がなされた後に作成されるものである。

Answer

　正答　×　サービス等利用計画案は支給決定の**前**に作成されます。

 **合格の近道**

「ごろあわせ」で暗記のハードルを下げる

　誰もが苦手とする暗記問題。国家試験では例年約8割を占めます。**暗記がうまくいけば受かりますし**，暗記を失敗しますと受かりにくくなります。定番問題の老人福祉法，老人保健法を一緒に暗記しましょう。

Study　　老人福祉法・老人保健法

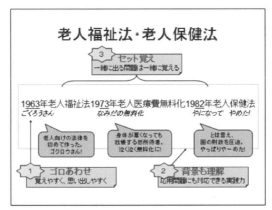

資料：『CD教材　国家試験全問　暗記本＆音声解説』テキスト（飯塚慶子）

予想問に挑戦！

Question

予想問題
① 老人保健法が制定されたのは，1960年代である。
② 老人福祉法が制定されたのは，1970年代である。

Answer

正答　①　×　老人保健法が制定されたのは，**1982**年です。
　　　②　×　老人福祉法が制定されたのは，**1963**年です。

8 合格の近道

合格スケジュール

　模試までに全科目を制覇できる**春スタート**がお勧めです。とは言っても，出遅れても大丈夫。対策講座などに参加して，挽回しましょう。

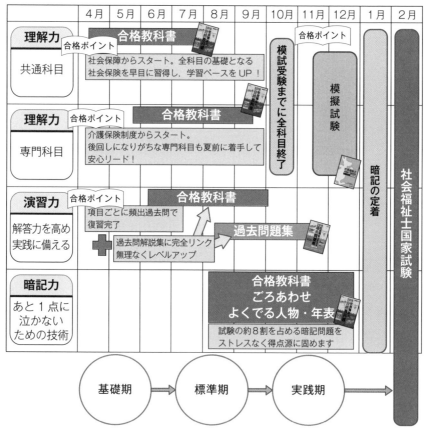

資料：『社会福祉士の合格教科書』（テコム）をもとに作成

⑨ 合格の近道

合格勉強法と点になる参考書

　不合格の方に多いのは，「過去問題5年分を5回繰り返す」過去問題依存型です。試験委員が変わると出題傾向も変わりますし，**過去問題は二度と同じようには出ません**ので，「過去問題が正解できる」ことだけに固執しないようにしましょう。問題を繰り返して答えを覚えてしまったら，意味がないですね。

　過去問題は「**インプット（知識の理解）**」のあと，「**アウトプット（問題演習）**」として復習に使うのが最も効果的です。また，国家試験が「ぶっつけ本番」にならないように，**模擬試験で一度リハーサル**をしておくと，安心です。

飯塚慶子の音声教材

インプット

【音声教材】よくでる人物・年号　暗記本＆音声解説
【音声教材】よくでる法律・白書　暗記本＆音声解説

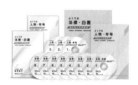

アウトプット

【音声教材】国家試験全問 暗記本＆音声解説 共通科目
【音声教材】国家試験全問 暗記本＆音声解説 専門科目

飯塚慶子の DVD 教材

インプット＆アウトプット

【DVD 教材】＋10 点暗記力完成講座　共通科目
【DVD 教材】＋10 点暗記力完成講座　専門科目

資料：『国家試験全問　暗記本＆音声解説』テキスト（飯塚慶子）
　　　『CD 教材　ラインナップ』

出るとこ予想×図表×ごろあわせ

　試験委員の先生方の専門分野を分析し，国家試験の**的中ポイント**を絞ります。さらに「何度読んでも覚えられない」苦しいストレスを速攻で解決するのが，愉快な「ごろあわせ」とパッと見「図表」。国家試験の 8 割を占める暗記問題を皆さんの**得点源**につなげ，合格点を確実に固めます。

試験当日までに定着するごろあわせ

資料：『よくでる法律・白書　暗記本＆音声解説』テキスト（飯塚慶子）

短時間でも「わかる，覚える」パッと見，図表

年表
老人福祉

1989		ゴールドプラン 高齢者保健福祉推進10か年戦略
1994	H6	新ゴールドプラン 10か年戦略見直し _金　箔　の_くし_ _ゴールドプラン89年　94年_
		高齢社会　高齢化率14%超える _1994年　14% ＝ 4が同じ_
1997	9	介護保険法　2000年施行
2001	13	高齢者住まい法　高齢者の居住の安定確保に関する法律
2005	17	高齢者虐待防止法 _児童虐待200ぜろ0　高齢者2005が　障害者2011いい_
		介護保険法改正　地域包括支援センター創設
2008	20	高齢者の医療の確保に関する法律　老人保健法改正
		後期高齢者医療制度、特定健康診査・特定保健指導 _200おや8？メタボかな_

忘れないイラスト
×飯塚講師解説
クイズ番組のように
リズムよく定着！

資料：『よくでる人物・年号　暗記本＆音声解説』テキスト（飯塚慶子）

インプット　アウトプット

『社会福祉士の合格教科書』飯塚慶子著　テコム

「**ポイントを整理した図表**」とその場で暗記する**合格テクニック**で，独学でも初学でも無理なく**合格の近道**を先導してくれます。よく出る人物，よく出る年号，合格ドリルで+10点を狙います。

暗記点を確実に伸ばすごろあわせ

　苦しい暗記はできれば楽しく確実に覚えたいものです。昨日覚えたのに，今日忘れている，何度覚えても試験のとき思い出せない，そんな声に応え暗記点を短期間で一気に伸ばす「ごろあわせ」を満載しています。

　1問1分で正解しなくてはならない国家試験では，暗記のスピードと正確さが合否を決めます。

　地方交付税の財源

■<u>地方法人税</u>，<u>法人税</u>，<u>酒税</u>，<u>所得税</u>，　　　<u>消費税</u>

　<u>地方で</u>　　<u>法事</u>。　<u>酒の</u>　　<u>トックリを消費</u>

覚えやすく，思い出しやすい
ごろあわせ

緊張する試験でも
確実に蘇る！

資料：『社会福祉士の合格教科書』飯塚慶子（テコム）

第 **4** 章

社会福祉士の仕事

社会福祉士の仕事は相談援助です。その勤務先，対象者によって大きく変わります。

本章では勤務先が異なる7人の社会福祉士を取材し，喜怒哀楽に満ちた現場の声を結集しました。

社会福祉士の活躍の場

社会福祉士の勤務先は福祉施設をはじめとして，病院や学校，行政機関など多岐にわたります。クライエントと支援をつなげ，どこでも活躍できるのが，社会福祉士の資格の強みです。

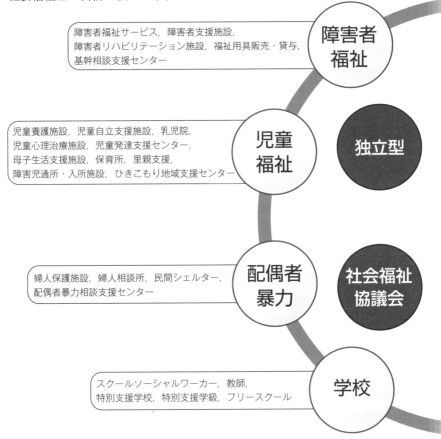

障害者福祉サービス，障害者支援施設，障害者リハビリテーション施設，福祉用具販売・貸与，基幹相談支援センター

障害者福祉

独立型

児童養護施設，児童自立支援施設，乳児院，児童心理治療施設，児童発達支援センター，母子生活支援施設，保育所，里親支援，障害児通所・入所施設，ひきこもり地域支援センター

児童福祉

配偶者暴力

婦人保護施設，婦人相談所，民間シェルター，配偶者暴力相談支援センター

社会福祉協議会

スクールソーシャルワーカー，教師，特別支援学校，特別支援学級，フリースクール

学校

資料：「社会福祉士及び社会福祉主事の任用の状況」（厚生労働省 HP）をもとに作成

高齢者
福祉

特別養護老人ホーム，介護老人保健施設，介護医療院，有料老人ホーム，
養護老人ホーム，ケアハウス，介護保険サービス，地域包括支援センター

生活
保護

救護施設，更生施設，医療保護施設，
授産施設，宿所提供施設，ホームレス支援

NPO

医療
機関

一般病院，精神科病院，診療所，
介護療養型医療施設，ホスピス

社会
福祉士

一般企業

更生
保護

矯正施設（刑務所，少年院，
少年鑑別所，婦人補導院），
保護観察所，家庭裁判所，
更生保護施設，
地域生活定着支援センター

ジャーナ
リスト

成年
後見

成年後見人，弁護士，裁判所，権利擁護センター

行政

福祉事務所，児童相談所，身体障害者更生相談所，知的障害者更生相談所，
行政機関，ハローワーク，保健所

2 医療機関

大学病院

医療ソーシャルワーカー（MSW）

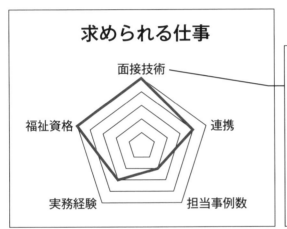

余命宣告された患者，ご家族が死や病に絶望しないように，有意義な最期だったと振り返ることができるように，制度や法律を振りかざすことなく慎重に言葉を選ぶ。日だまりのような優しい包容力も必要である。

【チャートの説明】（著者調査）※第4章②〜⑨において共通

面 接 技 術：面談の際に受容や傾聴など，専門性の高い技術が求められる。

連　　　携：多職種との複雑な連携が必要とされる。

担当事例数：一度に担当する事例の数が多い。

実 務 経 験：長い実務経験が求められる。

福 祉 資 格：社会福祉士などの資格の所有を求められる。

求められる仕事：著者の調査・取材に基づき分析した指標である。

勤務先の環境等により相違点がある。

大学病院とは

役割	大学病院自体は歯学系を除き総合病院となっており，かつ，高度先進医療の推進のため特定機能病院の認可を受けていることが多い。卒後研修のため，臨床研修指定病院の認可も得ており，併設された医学部，歯学部にとって，学生の実習先，卒業生の就職先ともなる。
経営主体	学校法人，国立大学法人など
施設数	約95（附属病院を置く国公私立大学数） 資料：附属病院を置く国公私立大学一覧（文部科学省）
配置規定	MSWは任意（社会福祉士，精神保健福祉士等から任用）
連携先	市役所，福祉事務所，児童相談所，保健所 ケアマネジャー 地域包括支援センター 医療機関（一般，リハビリ，療養，精神） 警察，消防（救急）

役に立つ法律

- ・医療法　　　　　・障害者総合支援法　　　・生活保護法
- ・精神保健福祉法　・難病法　　　　　　　・児童福祉法

求人例

職種	がん相談，退院支援業務，認知症疾患医療センター業務，無料低額診療事業
雇用形態	常勤（正職員）
募集人数	若干名
福祉資格要件	社会福祉士
福祉関係業務経験	不問
賃金	初任給（4年制大学卒）197,200円 年収例30歳（8年目）：約500万円 （住宅手当，扶養手当，通勤手当，超過勤務手当等込み）
勤務体制	・平日　　8：30～17：00（休憩含む） ・土曜日　8：30～12：30 休暇　日祝日，土曜日（月3回），年次有給休暇など

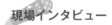現場インタビュー

大学病院にお勤めの G さん（30 代，男性）

　大学病院に勤務される G さんは，市役所，保健所，福祉事務所といった，行政の相談機関でソーシャルワークを歴任した，多彩な職歴をお持ちの社会福祉士です。ドクターとの連携や社会福祉士の適性などを伺いました。

大学病院について

Q

　お勤め先の病院はかなり大規模な医療機関ですね。

A

　700 床規模の大学病院です。高度救命救急センターがあり救急棟も約 50 床を構えています。20 を超える診療科を持ち，専門分野が多岐にわたる医療機関です。自分を含め 7 ～ 8 名の医療ソーシャルワーカー（以下，MSW）がおります。

Q

　MSW の中で，G さんの得意な分野と言いますと，どんな領域でしょうか？

A

　行政での勤務経験があることから，生活保護や政策医療が関わったり，利用する制度が複数にまたがるケースなど，行政が絡む相談については，元現場の人間として役所の動きや考え方を理解しているので，強いと思います。ただし，**MSW 全員が即戦力として稼働**していますので，そのことで受け持つケースが自分に偏ることはありません。それぞれが担当する診療科に関しては，基本的にどんなケースでも担当するのが大前提で，その上で必要に応じてコンサルテーションをするイメージですね。

Q

MSWは，どれぐらい実務経験を積むと即戦力になるんでしょうか？

A

本来，最低3年程度は必要ではないかと思いますが，当院は比較的大規模な上に，MSWの数が充足しているとは言えないことから，1〜2年で一人前としてフル回転しています。ただし，**先輩のMSWがフォローに入りますし，**新人1人で大きな負担を抱えることはありません。

Q

最近，注目されている診療報酬はありますか？

A

退院支援に関わる加算★等，自分たちの業務に関連するものにどんな診療報酬があるかはなるべく把握するようにしていますが，点数を計算しながら援助をすることはありません。

★入退院支援加算

地域包括ケアシステム構築のための取組の強化として，患者の状態に応じた入退院支援や医療連携を推進する観点から，従来の退院支援加算が「入退院支援加算」と改称された（2018（平成30）年度診療報酬改定）。

Q

患者さんの疾患のことでわからないこと，新しいことが出てきた場合，どうやって解決されますか？

A

医療のことはドクターに，看護・ケアについては看護師さんに，リハビリテーションのことでわからなければ理学療法士さん，作業療法士さん，言語聴覚士さんに聞きます。その道の**プロに聞くのが一番正確で，近道**です。

Q

G さんがドクター等から聞かれることはどんなことですか？

A

医療職の中には「医療以外のことはワーカーさんに」と考える人も多いので本当にいろいろありますが，心構えとしては，**医療以外のことはできるだけ回答できるようにしています**。自分がここでシンプルに「知りません，わかりません」と回答してしまうと，患者さんの不利益につながりますから。

一方で，実際にすべての問い合わせには答えられませんし，それぞれに対応する担当者や窓口があったりもするので，その人たちと結び付けたり，即答できなくても「調べておきます」と回答します。

Q

お忙しいドクターとのやりとりの中で，工夫されていることはありますか？

A

「あ，丸投げしようとしているな（笑）」と感じた時は，「一緒にやりましょう」の一言から始めます。うちの病院のドクターは必ず専門分野を持っているので，その分野に特化して医業に邁進します。その専門性が病院の評価となり，患者さんの救いとなります。その一方で，主科だけ，医療だけで解決できない問題については，ドクターにも関わってもらいながら，解決策を**専門以外の領域に膨らませる**ことも重要です。他の専門分野のドクターやスタッフ，社会資源とケースをつなげるのも，私たちの仕事です。

Q

貴院では「がん相談支援センター」を開設され，特設相談窓口を設けておられますね。反響はいかがですか？

A

特設相談窓口はがん診療連携拠点病院★の取組の一つとして設置しています。

★がん診療連携拠点病院

　全国どこでも質の高いがん医療を提供することができるよう，全国にがん診療連携拠点病院を 402 か所，地域がん診療病院を 45 か所，指定している（2020（令和2）年4月1日時点）。また，質の高い小児がん医療及び支援を受けることができるよう，全国に小児がん拠点病院を 15 か所指定し，小児がん拠点病院を牽引し，全国の小児がん医療の質を向上させるよう，小児がん中央機関を 2 か所指定している（2020（令和2）年4月1日時点）。

資料：「がん診療連携拠点病院等」（厚生労働省）

　がんは，いわゆる三大疾病・五大疾病としてメジャーな病気で，その治療や療養の過程において生じる心理・社会的な問題に取り組んでいくことが，拠点病院の MSW の役割の一つとされています。

　先日はがんを患っている友人のことや，食事について等の日常生活上のことを質問される方がおられました。

　病院で治療を受けている方は，わからないことがあれば自分の主治医や受診科の看護師に聞くことができるので，逆にちょっと**気になっていたことを気軽に聞いていかれる方も多い**ですね。「気軽に」というと語弊がありますが，相談者の悩みのレベルは大小さまざまですので，**敷居の低い窓口を設ける**ことで，相談先の選択肢が増えることが重要なんだと思います。

保健所でのソーシャルワーク

Q

　保健所は地域保健を支える主要な機関ですが，どのように関わっていらしたのでしょうか？

A

　保健所では，精神保健福祉の相談業務を担当していました。仕事を始めた頃，障害者自立支援法（現・障害者総合支援法）が成立して，業務内容全体が大きく変化しました。

地域保健の全体像

地域保健に関わる法律をまとめると以下のようになる。

保健

- ●職域保健
  - ◆労働者の健康管理
- ●医療保険者による保健
  - ◆特定健康診査
- ●学校保健
- ●環境保健
- ●広域保健
  - ◆検疫
  - ◆医療従事者の身分法

など

地域保健

対人保健

- ●健康増進法
- ●感染症法，予防接種法
- ●母子保健法
- ●精神保健福祉法
- ●その他
  - ◆難病医療法，がん対策基本法，
    肝炎対策基本法

など

地域保健法

- ◆基本指針
- ◆保健所等の設置
- ◆人材確保

対物保健

- ●食品衛生法
- ●興行場法などの業法
- ●水道法
- ●墓地埋葬法
- ●その他
  - ◆狂犬病予防法，薬事法，
    ビル管法，生衛法

など

医療

- ●医療法
  - ◆病院の開設許可
  - ◆医療計画
- ●医療従事者の身分法
- ●高齢者医療確保法
- ●がん対策基本法
- ●医療観察法
- ●医療品医療機器等法（旧薬事法）

など

福祉

- ●身体障害者福祉法
- ●知的障害者福祉法
- ●児童福祉法
- ●児童虐待防止法
- ●介護保険法
- ●障害者総合支援法
- ●発達障害者支援法
- ●精神保健福祉法
- ●老人福祉法

など

資料：「地域保健に関連する様々な施策」（厚生労働省 HP）

福祉事務所でのソーシャルワーク

Q

福祉事務所では，生活保護関連のお仕事に関わっておられましたでしょうか？

A

生活保護の部署に異動になったすぐあとに，リーマンショックが起きて，仕事・住む場所を失った方からの相談が一気に増えました。

Q

住む場所を失うと生活の立て直しが大変だと思いますが，まずはどんな支援が考えられますか？

A

　生活困窮者自立支援法★に基づく，生活自立支援施設があります。生活困窮者に対し，生活保護に至る前の段階で，生活の自立をお手伝いします。

★生活困窮者自立支援法

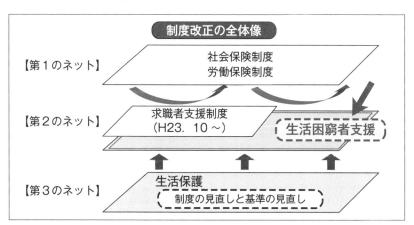

　生活困窮者自立支援制度は，生活困窮者に対し，生活保護に至る前の段階で，自立相談支援事業を中心に様々な支援を行うことにより，その自立の促進を図ることを目的とし，雇用を通じた安全網（第1のセーフティネット）と生活保護（第3のセーフティネット）との間に，第2のセーフティネットを構築するものである。

資料：「一時生活支援事業の手引き」（厚生労働省）

Q

　生活自立支援施設は男性専用でしょうか。女性も対象ですか？

A

　私が勤務していた自治体にある施設では，女性も利用できます。全体から見た枠は少ないですが，女性の担当職員が対応するなど，きめ細かい対応が施されています。

Q

住む場所に加えて，就職先を探さねばなりませんね。

A

私が勤務していた自治体にある生活自立支援施設には就労相談専従員が勤務していて，求職活動から就職後，アパートに入居して生活が安定するまでの期間を一貫して支えてくれます。なので，利用者はハローワークに出向かなくても，住んでいる場所で就職の相談もできます。ある程度，**ワンストップサービスが実現できている**と言えます。

Q

精神保健福祉，生活保護など，様々な領域でお仕事をされておられますが，一番印象に残った時期，仕事はなんでしょうか？

A

その時期その時期で常に100％の力で，仕事に挑んでいたと思います。一番ダイナミックだったのは，精神科救急を担当していた頃でしょうか。政策やシステムの運用，自治体間や医療機関との調整を担当しながら，通報対応では現場の診察業務で警察に出向く機会も多かったので，緊張感がありました。また，係内に事務職の方がいなかったため，専門職でありながら予算関係も任されており，**事業の全体像を把握できる貴重な業務**でした。

社会福祉士としての適性

Q

様々なお仕事をされる中で，利用者さんが抱える悩みを，終業と同時に心の中で整理できましたか？　それとも自宅まで持ち帰ってしまうタイプでしょうか？

A

自分は持ち帰ってしまうタイプですね。**相談者の生活には切れ目がありませ**んから，自分が休みの日でも，相談者の問題は断続的に続いています。自分の場合は結婚して，子どもが生まれて，家の中がワサワサし出したことで，目の

前のことで手一杯になり，気が紛れるようになりましたが，ふとした瞬間に相談者のことがよぎることは今もあります。悩もうと思えば，いくらでも悩める仕事です。

Q

利用者さんの問題を自分の問題のように重ね合わせて考えるタイプと，まったく切り離して捉えるタイプと，どちらのほうが社会福祉士に向いていると思われますか？

A

両方じゃないですかね。大事なのは，社会福祉士ご自身が，自分はどういう性分で，どんな対応をする傾向があって，それを踏まえてどのように問題（ケース）と向き合っていけるかを，経験を重ねていく中で試行錯誤しながら，**自分なりの関わり方**として作り上げていけるかどうかではないでしょうか。

Q

Gさんは多種の専門領域を渡り歩いておられますよね。オールマイティな社会福祉士として，現場では「Gさんに聞けばなんでもわかる」生き字引のように重宝されませんか？

A

なんでも聞かれますよ。聞かれることで**新しい気づきや広がっていく知識**もあります。それがキャリアを重ねることの強みだと思います。

Q

「何を聞いても教えてくれる」社会福祉士として，利用者さんにも感謝されませんか？

A

自分のバックグラウンドを相談者に話すことは基本的にありませんので，自分がいろんな畑を歩いてきたことが直接相手に伝わることはありませんが，

「なんでも話せそう」という空気感は大事だと思います。相談者が抱える問題は生活をベースに「高齢者福祉と障害者福祉と生活保護」のように様々な領域が混在していますので、「問題はパターン化できない」と認識しておいたほうがいいですね。

Q

これから社会福祉士をめざされる方に、どんなアドバイスをされますか？

A

社会福祉士は相談援助の専門職ですが、専門職として雰囲気がとんがってしまうともったいないですね。**プロとしての風格・雰囲気**は、豊かな知識や正しい情報を持ち、それらを丁寧に関係者や相談者に伝えていく中で伝わりますし、オープンでいることが大事だと思います。

Q

専門性の高い業界ですから、近寄りがたい「とんがった専門職」にならないように時折振り返ることは大事ですね。また、同業他職種と連携する上で、ぶつかる人間関係はありますか？

A

人のことを扱う業界ですので、感情ベースでぶつかることが多いのは確かです。話し合いの中で、**喜怒哀楽が入り乱れる**ことはよくあります。それ自体はあってもいいプロセスですが、**着地点は冷静に見つけ**なければなりません。

Q

チームで働くとき、心がけていることはありますか？

A

病院では、医師、看護師、リハビリテーションなど、多職種のチームで一つのケースを考えることがほとんどです。職種の違いを「賛成・反対」の**対立軸に持ち込まない**ことですね。対立やヒエラルキーに基づく判断は、患者さんに

とってプラスになりません。

社会福祉士になった経緯

Q

社会福祉を専門として選んだ経緯を教えてください。

A

最初から「福祉」まっしぐら，という積極的な感じではなかったですね。大学の学部は教育ですし，当初の専攻は心理でしたし。自分には心理は向いてないな，教育でもないな，と考えているうちに，家庭裁判所の調査官という仕事を知り，たまたま学科の福祉分野の卒業生にその仕事をしている人がいたので，分野変更……と，言わば**消去法で福祉**にたどり着きました。そのプロセスの中で，自分としては周辺領域と思っていろんな分野に首を突っ込んでいたことが，かえって**多様なフィールドに触れる原動力**になったと思います。

Q

大学のご友人はどんな職業に就かれましたか？

A

学校の教員やスクールカウンセラー，図書館の司書や，美術館の学芸員などです。福祉に関連する職種にとどまらず，みんないろいろな分野で活躍しています。

Q

大学での学ぶ環境はいかがでしたでしょうか？

A

大学では社会教育関連の科目が充実していました。福祉の分野に関しては，正直言って「国家試験のためだ」と割り切って学んでいた科目もありますが，実務について初めて，国家試験科目を学んだ価値を実感しました。家裁で働くことをめざしていた自分にとって「周辺領域」（どちらかというと専門外）と捉

えていた精神保健福祉や生活保護といった領域が，その後仕事のメインとして活きてきたので，**いつどこで何が役に立つかわからないですね。**

Q

社会福祉士になっていなかったら，どんな職業に就かれていましたか？

A

家庭裁判所の調査官★ですかね。司法分野のワーカー職（相談援助職）として，興味がありました。

★家庭裁判所調査官

家庭裁判所調査官は，例えば，離婚，親権者の指定・変更等の紛争当事者や事件送致された少年及びその保護者を調査し，紛争の原因や少年が非行に至った動機，生育歴，生活環境等を調査する。家庭裁判所調査官になるためには，家庭裁判所調査官補として採用後，裁判所職員総合研修所に入所し，約2年間の研修を受ける必要がある。採用試験の倍率は例年約 10 倍の狭き門である。

資料：「家庭裁判所調査官」「試験の実施結果」（家庭裁判所）

（p.181 では現役の家庭裁判所調査官が登場します）

Q

アルバイトの経験を教えてください。

A

学生時代に精神障害者の地域作業所，今で言う地域活動支援センター★でアルバイトをしました。卒業後も，1年間非常勤として働きました。病気や障害を持ちながら暮らす人たちと，生活場面で直接関わる経験ができたことは，その後の相談業務の中での助言や支援にリアリティーを持たせてくれましたし，あの時間や空間そのものが，その後の自分の仕事のルーツになっています。

仕事をしている中で，困難な状況に置かれたり，心が折れて投げ出したい気持ちの時，「自分はあの頃のみんなに，今も胸を張って会えるだろうか」と考

えると，踏ん張れるんですよ。小規模な施設でしたので，「利用者さんと向き合う」姿勢 が，この頃習得できたように振り返っています。

★地域活動支援センター

　障害者等を通わせ，創作的活動又は生産活動の機会の提供，社会との交流の促進等の便宜を供与する障害者総合支援法上の施設。地域の実情に応じ，市町村がその創意工夫により柔軟な運営，事業の実施ができる。

資料：「地域活動支援センターの概要」（厚生労働省）

ソーシャルワークの技術・工夫

Q

　多種類の問題を抱える人，例えば統合失調症をお持ちで生活保護を受給しているが，病院に通うのは拒否している，というような方は，どこから問題を切り崩していくんでしょうか？

A

　その人によって様々です。すべての人に当てはまる **「支援の方程式」はない** です。関わりの中で制度や医療につながる等，問題を切り崩す糸口が見つかれば幸運ですが，いつまでも糸口さえ見えてこない方もいます。家族のあり方によっても，援助のペースは変わってきます。

Q

　家族がいれば，必ず援助はしやすくなりますか？

A

　そうとも言い切れないです。頼れるご家族がいなくても，ご本人の力で現状を打開できる方もいます。逆に，ご家族との関係が良好に維持できないと，家族の存在がご本人を悩ませる原因にもなります。

Q

　私の知人ですが，結婚して，妊娠して，妊婦検診で白血病が見つかった方が
います。出産，育児，ご自身の治療，一気にいろんな試練が襲いかかったんで
す。ご本人のお母様に相談されたのですが，どの問題から着手してよいのか迷
い，なかなか前進することができませんでした。

A

　メディカル（医療的）なリスクは，ある意味誰でもいつでも起こりえます。
ただし，メディカルなリスクの大きさは，必ずしも**本人が抱える問題の深さ
に直結はしません**。ご本人の意向やご家族の捉え方など，様々な要素が絡み合
って，事態は展開していきますから，たとえ難治性の疾患であっても，必ずし
も**後ろ向きな支援にはならない**と思います。

Q

　残念なことに，知人のご主人は最初，妊娠や白血病に対して逃げ腰でした。
自分とは関係ない，自分は何もできないとおっしゃっていました。そばで見て
いて，もう少ししっかりしてほしいと思ってしまいましたが，Gさんだった
らそのご主人になんと声をかけますか？

A

　私の立場で相手を怒ってもしょうがないですし，それで関わりがシャットア
ウトされてしまってはその後の支援につながらないので，何かを言い聞かせる
ようなことはしないと思います。自分は裁判官ではないので，相談者を「良い
か，悪いか」の軸でジャッジすることはないです。「**人をジャッジしない**」とい
う姿勢は，この仕事を続けていて獲得した部分でもあります。

Q

　精神保健福祉のお仕事をされている中で，薬物依存症，アルコール依存症の
方も対象者としておられたのではないでしょうか。「許す，許さない」のジャッ
ジなしに，全面的に受容できましたか？

A

　実は駆け出しの頃は，依存症の患者さんをなかなか受容できない部分がありました。なぜそこまで依存症のケースにこだわってしまうんだろうと自問自答すると，依存症のせいで迷惑を被っているご家族や周囲の人の困った顔が思い浮かぶんですよね。その関係性の渦の中に，自分もいつの間にか巻き込まれているということに気がついたんです。であれば，依存症の本人をどうこうしようと考えるのではなく，**意識的に間合いをとりながら**，本人と家族の**関係に焦点を当てればいいんだ**と視点を変えるようになりました。

Q

　依存症への先入観を緩和するのに，ご自身でどんな工夫をされましたか？

A

　依存症から回復した当事者の方のミーティングや，依存症の治療を専門にされているドクターの勉強会に参加して，とにかく状況や**関係性をフラットに見る努力**をするようにしました。先入観（バイアス）に左右されないようにするには，事実や情報を**客観的に捉え**，それらに基づいて自分の関わり方を考えていくことが大事だと思います。

電話での相談

Q

　お仕事がら，電話での匿名のご相談も多いのではないでしょうか？

A

　以前の職場では，「死にたい，死んでやる」という内容の電話がやっと終わったと思ったら，今度は「対応に納得がいかない。殺す，殺してやる」という電話がかかってきたりすることもありました。

　電話というのは言葉・音声のみでのやりとりで対応しなければならないので，相談者にとっては手軽で使いやすいというメリットがありますが，支援者としてはなかなか**本題が見えてこない**という部分があります。

Q

　電話だと話しやすい長所から，電話が長くなる方も多いのではないでしょうか。これを言ったら，電話を切りやすい，終結に持っていきやすい魔法の言葉はありますか？

A

　これを言えば切りやすくなる，といった言葉はありません。また，こちらから電話を切る素振りを見せれば，電話の相手もかえって反応しますよね。

　ただ，**やりとりのプロセスを自覚してもらう**ことはします。例えば「20分ほどお話ししましたが，最初にかけていらしたときと比べて，お気持ちは落ち着かれましたか？」，「今のお話を3回繰り返されていますので，よほど気にされているんですよね？」とご**自身を振り返ってもらう機会**を持ちます。

Q

　電話で「ただ言いたい，それを聞いてほしい」という一方通行な相手が，自身を振り返る行動をとるとは考えにくいのですが。

A

　自身を振り返る行動までは難しくても，興奮していたり，自分の思考でグルグルになってしまっている状態の方が，ふと我に返るきっかけにはなります。

　それで「また，かけます」と切る方もいれば，やっぱり同じ話が続く方もいますが。

アウトリーチについて

Q

　症状が重篤な場合や，命に関わるような場合，患者さんはどんどん殻に閉じこもってしまう気がしますが，どうやって一歩踏み出そうという後押しをするんでしょうか？

A

　荒っぽい言い方ですが「どん底」な状況が，まったく同じ状態でずっと続く

ということってほとんどないんです。時間が経てば，必ず環境が変化し，ご自身も変化します。「時間が解決する」というと「何もしない」ように聞こえますが，**時間の力，場の力を利用する**のは大切です。恣意的に「何かしなければならない」と考えすぎてしまうと，かえって八方塞がりになることがあります。

Q

「事態を見守る，静観する」という姿勢は相談援助において，難しくないでしょうか。何としてでも社会福祉士の力で患者さんの症状が好転してほしいとつい意気込んでしまいます。

A

社会福祉士が関わることで，患者さんを変えられる部分というのは，正直かなり限定されていると思います。

特にうちのような大学病院では，三次（医療圏）★レベルの患者さんを多く受け入れるので，MSWの支援も短期決戦になりがちです。その短期間にあまり欲張ると消化不良になりますし，それが医療の展開のスピードとあまりにかけ離れてしまうと，次の病院や在宅の支援者につなぐ連携が滞ってしまいます。

★三次医療圏

三次医療圏は，一次医療圏（市区町村単位）や二次医療圏（各都道府県を複数に分割）では対応できない専門性の高い特殊な医療を提供する。原則として都道府県全域がひとつの単位だが，北海道などの面積が広い都道府県は，いくつかに分割されている。

資料：「医療計画の概要について」（厚生労働省）

Q

転院する患者さんに対して，担当者がバトンタッチすることで支援の質が低下しないように，心がけていることはなんでしょうか。

A

　支援する側がどうしたいか，ということではなく，ご本人やご家族がどうしたいか，を今一度考えることですね。あとは，病院が変わると，院内で提供できるサービスも変わりますので，患者さんが後々，「こんなはずじゃなかったのに……」とならぬよう，きちんと説明し，**納得した上で調整**を進めなければなりません。

家族について

Q

　病状が落ち着いても，大学病院から家に帰れるかどうかは，かなり難しい判断かと思います。決め手はなんでしょうか？

A

　ご家族の存在は大きいですね。ご本人が同じ病態であっても，状況によってはご家族のサポート体制次第で，家に帰れたり，帰れなかったりします。

　ご自宅での生活に戻れるかどうか，ギリギリの状態でも，うまく社会資源を活用しながら，「家でみます」とご家族が意思決定できれば，在宅復帰の準備ができます。

　「ご自宅での看護・介護」は，仮にサービスを利用したとしても，ご家族が少なからず負担を抱えますから，そこをどのように捉えているか，何がハードルになっているのかの見極めは重要になります。

Q

　ご本人とご家族の関係が，必ずしも良好なケースばかりではないと思いますが，いかがでしょうか？

A

　ご家族は協力的でも，ご本人がそれを受け入れられないというケースもあります。**家族には素直になれない**という患者さんもいます。**ご家族関係には長い歴史**がありますから，簡単に介入して変えられるものでもありません。昔こじれてしまった家族の関係が，入院を機に再燃して，余計にこじれてしまうこと

がないように，それぞれの距離感を推し測るのも必要な配慮です。

患者さんからの言葉

Q

患者さんから言われて，嬉しかった言葉はありますか？

A

やっぱり，担当してもらえてよかった，Gさんのおかげで乗り切れました，というような言葉でしょうか。「どん底」を抜けて，今もまだ苦しいけれど，**少しずつ前に進もうとする気持ち**が患者さんから伝わってくると，関わることができてよかったと思います。

Q

この言葉が患者さんの心に届いたな，と思う瞬間はありますか？

A

（長い間，考え込まれて）精神保健福祉の現場では，ご本人の周囲の方が解決に焦り，心が折れてしまうことがあります。特にご両親ですね。例えば，自分の育て方が悪かった，自分さえ我慢すれば何とかなる，と自分を責め立てるのです。そういうときは，「あなたは，あなたの人生を大事にしていいんじゃないですか」と声をかけることが多いです。ただ真意が届いているかどうか，確かめたことはありません。

　ありがとうございました。
　次頁からGさんの相談援助を支える「7つ道具」を紹介します（飯塚慶子）。

社会福祉士の7つ道具

大学病院にお勤めの医療ソーシャルワーカー～7つ道具～

　社会福祉士のソーシャルワークを支えるのは、クライエントとの信頼関係をつなぎ、有効な情報を確実に伝えるための7つの道具です。p.38で登場しました大学病院にお勤めのGさんに紹介していただきました。

白衣　①

「白衣＝話しにくい」と思われないように，表情や声で自然な雰囲気が伝わるように心がけています。「白衣を着用しないスタイル」を貫かれている社会福祉士もいます。

PHS　②

電磁波の影響が懸念される方もおられるので，施設内の連絡はもっぱらPHSを使います。

トートバッグ ③

メモ帳，手帳など，必要な道具が一式入っています。取り出しやすく，しまいやすい，持ち運べる引き出しのようなバッグです。

一筆箋 ④

情報にそっと一言，添えるときに使います。また，身元不明のクライエントを調べていくと住所だけ判明することがあるので，そんなときは一筆箋ではなく大きな便箋で手紙を書きます。

地域密着型の情報誌 ⑤

介護保険の最新情報や活用の手引き，介護サービス情報がわかる情報誌など。患者さんのニーズにあわせて情報を選び，紹介します。

切り離せるメモ帳

クライエントへの情報は，言葉
で伝えた上で，メモに書いてそ
の場で渡します。必要なとき，
確実に思い出してもらえる工夫
です。

手帳

1週間の予定が詰まったスケ
ジュール帳。次頁ではGさん
の1週間をご紹介しています。

社会福祉士の１週間

〈Gさんのある１週間〉

	日	月	火	水	木	金	土
8:30		朝ミーティング	朝ミーティング	朝ミーティング	朝ミーティング	朝ミーティング	
9:00		新規入院患者の カルテチェック	新規入院患者の カルテチェック 議事録案作成・ 送付	新規入院患者の カルテチェック 転院患者の お見送り	新規入院患者の カルテチェック 連絡調整	新規入院患者の カルテチェック 転院患者の お見送り	
10:00		連絡調整 （電話） 病棟ラウンド （腎内・形成・口外）	MSW ミーティング 家族面談 （施設入所調整）	転院調整 施設調整 電話連絡 etc.	退院調整部門の 看護師との 打合せ 患者面接 （外来）	転院調整 施設調整 電話連絡 etc.	
11:00		患者面接 （病棟）					
12:00		昼休み	昼休み	昼休み	昼休み	昼休み	
13:00		転院調整 （病院打診）	患者面接 （病棟）	部内打合せ	営業さんの 対応 連絡調整	患者面接 （リハジム） 連絡調整	
14:00		病棟ラウンド （耳鼻・眼）	退院支援 カンファレンス （病棟）	診療科 カンファレンス （心臓血管外科）	病棟ラウンド （GICU・GHCU）	診療科 カンファレンス （循環器内科）	
15:00		患者面接 （病棟） 連絡調整	家族面談 （経済相談）	患者面接 （病棟）	病棟ラウンド （整形・リウマチ）	来訪者対応 （連携病院）	
16:00		入退院センター 打合せ	カルテ記録 連絡調整	診療科 カンファレンス （耳鼻咽喉科）	転院調整 在宅調整 電話連絡	患者面接 （病棟）	
17:00			統計入力	家族面談 （転院調整）		カルテ記録・ 統計入力 資料整理	
			資料作成 （診療報酬関係）		カルテ記録・ 統計入力		
18:00		カルテ記録・ 統計入力	カルテ記録・ 統計入力				

配偶者暴力対策

DVから女性を保護するシェルター

DV 被害に対応する相談員

＊DV：ドメスティック・バイオレンス。配偶者や内縁関係の間で起こる家庭内暴力

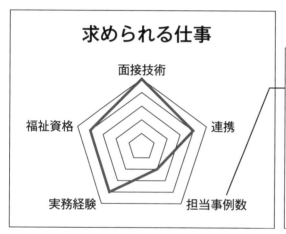

求められる仕事

面接技術
連携
担当事例数
実務経験
福祉資格

シェルターは小規模施設なので，一時期に担当する事例数は多くない。ただし，DV 被害を受けた対象者の心の傷はかなり深く，面談においては高い技術が求められる。匿名での対応があることも特徴。

【**チャートの説明**】（著者調査）

面 接 技 術：面談の際に受容や傾聴など，専門性の高い技術が求められる。

連　　　　携：多職種との複雑な連携が必要とされる。

担 当 事 例 数：一度に担当する事例の数が多い。

実 務 経 験：長い実務経験が求められる。

福 祉 資 格：社会福祉士などの資格の所有を求められる。

民間シェルターとは

役割	配偶者からの暴力に悩む被害者を支える施設。一時保護だけでなく，生活全般に関する相談，子どもへのフォロー，被害者の自立へ向けたサポートなど，被害者に対するきめ細やかな援助を行う。
経営主体	NPO 法人，社会福祉法人，法人格を持たない民間など
施設数	122（各都道府県・政令指定都市が把握している民間シェルターを運営している団体数（2019（令和元）年 11 月 1 日現在）） ＊被害者の安全確保のため，各施設の所在地は原則非公開
配置規定	社会福祉士の配置は任意
連携先	配偶者暴力相談支援センター，婦人相談所，婦人保護施設 母子生活支援施設，女性センター，福祉事務所，児童相談所 保健所，精神保健福祉センター，警察

役に立つ法律

・売春防止法　・生活保護法　・児童福祉法

・配偶者からの暴力の防止及び被害者の保護等に関する法律（DV 防止法）

求人例

職種	相談・支援・指導員
雇用形態	非常勤・パート
募集人数	1人
福祉資格要件	社会福祉士，保育士
福祉関係業務経験	不問
賃金	基本給（a）　　月給 186,000 円 一律手当（b）[合計]　6,300 円　[内訳] 処遇改善手当 賃金（a + b）月給 192,300 円
勤務体制	日勤中心，宿直あり 基本的な勤務時間　　10：15～19：00 週労働時間　　　　36 時間 週勤務日数（平均）　4日～5日 宿直回数（月平均）　1回～4回

＊上記は母子生活支援施設の求人例である。民間シェルターは住所を公表できない事情から，求人公開がはとんどない。

現場インタビュー

民間シェルターにお勤めされていた
Ｐさん（40代，女性）

民間シェルター「かけこみ寺」の現状

Q

なぜこのお仕事を選ばれましたか？

A

　もともと，子どもに関わる仕事がしたかったので，子どもを対象にした学習教材を作る会社に勤めたこともありました。就職活動の流れで，女性の支援と子どもの支援は深く関わっているというアドバイスを受けて落ち着きました。

Q

　シェルターは「かけこみ寺」の異名を持ちますが，何も持たずに突然いらっしゃるんでしょうか？

A

　民間シェルターは配偶者暴力相談支援センターの委託先として，紹介された上で，対象者は入所されますので，緊急性が低い場合，必要最低限の金品を持っていらっしゃることが多いですね。

Q

　わけへだてなく，シェルターで受け入れますか？

A

　緊急性が高い場合は，婦人相談所の一時保護施設や都道府県の女性保護施設を検討するはずです。住所などは公にしていませんが。

Q

　DV防止法（配偶者からの暴力の防止及び被害者の保護等に関する法律，略

称：配偶者暴力防止法）★ができて，DV被害は改善されましたか？　あまり，変わりませんか？

A

　DV防止法ができてよかったのは，DV被害を受けても相談窓口や解決策があるんだ，と認知されたことです。**泣き寝入りしなくてよくなりました。**これは朗報です。

　★DV防止法

　配偶者からの暴力に係る通報，相談，保護，自立支援等の体制を整備し，配偶者からの暴力の防止及び被害者の保護を図ることを目的とする法律である。被害者が男性の場合もこの法律の対象となるが，被害者は，多くの場合女性であることから，女性被害者に配慮した内容の前文が置かれている。

資料：「配偶者暴力防止法」（内閣府男女共同参画局）

DV防止法が女性を守りきれない事例

Q

　問題点もありますか？

A

　これはあくまでも所感ですが，加害者男性が殴ることをあえて避けるケースも多かったように感じます。精神的な暴力に走るわけです。脅し，外出の制限・監視，監禁，拘束，見張りといった手法です。

DVの加害者と被害者と向き合う仕事

Q

　暴力をふるわれたり，監禁，拘束をされても，なぜ女性は逃げないんでしょうか？

A

　相手が優しいこともあるからです。愛されていると一度思うと，監禁や拘束

も，愛情の延長だと思い込もうとし，怒らせたのは自分が悪いと考えます。男性の付属物になってしまう。支配を受けているうちに，考え方もゆがんでいきます。また，恐怖に支配され，「逃げたらもっとひどい目に遭う」と考える人もいます。

Q

DV の場合，加害者男性が 100%悪いと思うのですが，女性のほうにも多少は原因があると思いますか？

A

いかなることがあっても，暴力をふるっていい理由などはありません。原因は男性のほうにあります。が，女性のほうにも，「もっと早く誰かに相談できなかったのか」と，もどかしく思うことはあります。もっとも，女性のほうは精神的に追い込まれているので，仕方がありません。

Q

女性のほうが動けないとなると，加害者男性の DV に歯止めをかけられる人はいますか？　ご両親とか。

A

そういう男性に限って，親や親しい人には「いい顔」をします。家に帰ると豹変するパターンは，DV 被害で多く見受けられます。むしろ，被害女性に周りの方が気づき，専門機関への相談を勧めるなどしてほしいです。

DV 加害者の共通点

Q

加害者の属性に共通点はありますか？

A

加害者は一部の特別な人ではありません。前科のある方もいますが，社会的にきちんとしている，一流企業の方もいます。外での顔と家庭での顔を使い分

けているんでしょう。

Q

家庭の外に応援が求められないとなると，誰かが救済してくれる可能性も低い。であれば，女性がその状況から逃げようとしないのが不思議です。

A

DV被害の場合，加害者と被害者は「支配と服従」の関係で強く結ばれていることが多い。「ご飯がおいしくない，と怒鳴られた」→「おいしく作れない自分が悪いんだ」という思考回路になるのです。DVの被害者なのに，自分が悪いと思っている。長い間「支配と服従」の関係が続き，加害者は被害者をコントロールしていき，判断が大きく鈍り，無力感から行動が起こせなくなります。

Q

外に出た瞬間に，そのまま逃げ出せばいいのではないでしょうか？

A

家に引きこもる女性が多いのは確かです。「何も言わないで外出した」「外出先を言ったら出してもらえない」となると，家にいるしかないですよね。口論になっても，言い訳しようとすれば，その言い訳しようとした態度で怒鳴られます。基本的に自分が悪いと思っている間は，逃げ出す一歩を踏み出せないでいます。また，逃げることにより子どもに影響が出ることを心配したり，築いてきた関係や仕事を失うことへの躊躇もあります。

Q

では，何がきっかけで，シェルターなど，家の外に逃げ出そうとするんでしょうか？

A

私が関わったケースであったのは子どもにまで手を出した，ということですね。客観的に，子どもを守らなければという気持ちが背中を押すのではないで

しょうか。

Q

シェルターに逃げていらして，最初はどんな様子ですか？

A

夫の顔が見えなくなって，最初はホッとしています。緊張から解放され，スタッフからの声かけで涙を流す方も多いです。でもそのあと，多くの場合，混乱が訪れます。家に置いてきたものがある。犬だったり，猫だったり，物だったり。喪失に対する混乱と追跡や親しい人に被害が及んでいないかの恐怖もあったかと思います。その後，眠れないなど精神的に治療が必要と思われる症状が出る方もいました。

Q

お子さんを置いてきてしまうことはありましたか？

A

覚えている限りはないですね。

民間シェルターの限界

Q

シェルターは DV 被害者にとって大きな存在意義を持つと同時に，施設としての限界を感じますか？

A

民間シェルターは経営としてはギリギリめいっぱい。**ボランティアさんの善意に頼る**ところが大きいのは事実です。

退所されたあとは，どうなったのかわかりません。それが自分の仕事ですが，本当の支援と言えるのかどうか，自問することがありました。

Q

その思いを，どのように切り替えておられましたか？

A

シェルターにいる期間は，病院でいうと急性期です。女性が旅立つまでのお手伝いだと割り切っていました。シェルターにいる間に，失ってしまったその人本来のよさに気づき，自立の準備ができればと思って支援しました。

Q

民間シェルターで困難を感じた事例などはありますか？

A

私が関わったケースではありませんが，シェルターで保護をしていた女性がシェルターを出た後に，加害者の男性がお亡くなりになったケースがあったと聞いたことがあります。

Q

お亡くなりになった。それは自殺されたということでしょうか？

A

……そうです。被害者の女性は自分が殺したのではないかと思ってしまう。自分が逃げてきたから，加害者の男性は自殺したんだと考えてしまう。そうなると，殺してないのに，罪の意識をしょい込みます。

Q

加害者にどういう心の動きがあって，自殺を選ぶのでしょうか。衝動的なのか，自省した上での決断なのか。

A

私は加害者と話す機会がないので，そこまでは言及することができないですね。でも，残された者の喪失感が大きいのは確かです。その一方で，加害者が何をするかわからないから逃げられないという女性もいます。「逃げたら，自

殺してやる」と脅されるのです。脅されると精神的に追い込まれますので，正しい判断ができなくなる。「逃げること＝いけないこと」と思えば，精神的に監禁されたも同じです。

Q

他のお仕事にはない，お仕事の難しさはなんでしょう？

A

　入所していただくかどうか，その場ですぐに判断することです。施設に入所する際は通常，会議などで多職種が議論して時間をかけて結論を出しますが，シェルターはその時間がありません。そして，もちろん **NO とは言えない施設**です。

ホームレスの女性の自立

Q

DV 被害者の方以外に，どんな方が入所されますか？

A

　私の勤めていたシェルターでは，行き場のない女性の保護も引き受けていますので女性のホームレスの方などおられました。退所の目途がなかなか立たない点がたびたび問題になります。

Q

　ホームレスの方が入所期間中は，他の入所者とトラブルになったりしませんか？

A

　ごくまれに衣食住の中で，ルールをごまかそうとする方がおられます。うちのシェルターは禁酒なんですが，お酒を飲んでしまう。部屋に行くとお酒のこぼれた跡がある。お酒の臭いがするわけです。その方はお酒を隠した上で「水をこぼしました」と弁解します。頭ごなしには怒れませんから，「お酒の臭いが

しますけど」というように，やんわり注意するようにしています。

Q

　ホームレスの方がシェルターを出て，次の居場所はどこなんでしょうか？

A

　女性保護施設もありますがなかなか入所できないため，自立して生活できそうならば生活保護によりアパートという方が多かったです。どうしても行き場がない場合は簡易宿泊所も候補になりますが，男性が多い場所ですから女性は敬遠します。アパートで生活するためにシェルターでがんばる，という方もいます。私が勤めていたシェルターは基本，自炊ですから，例えば，味噌汁をがんばって作りましたと報告して，生活のリズムが整っていることを PR される方がいました。

DV 被害者の自立と生活保護

Q

　被害者にとって，最大の難関はなんでしょうか。ここが乗り切れれば安心，というハードルを教えてください。

A

　被害者女性の支援は少なく，重ねて一時保護期間は短いので，ハードルは多いです。その中でも，まずは生活費，そして住宅の確保ですね。

　生活費について

　お金を管理できるかどうかは，その後の生活を大きく左右します。また，安全のためすぐに就職はできませんので生活保護★という選択肢を検討します。ただし，生活保護がすぐに受給できる保証はありません。市町村によっては急いで対応してくれるところもありますが，経済的暴力にあっている女性が多く，預金のない方も多いです。DV 被害の担当課と生活保護課は，別々の課ですから，連携が求められます。ここは関わっている相談員（ソーシャルワーカー）が，いかに**受給の切迫性を説明できるか**，が問われるのではないでしょうか。

★生活保護の手続きの流れ

① 事前の相談

　福祉事務所の生活保護担当で，生活保護制度の説明をし，生活福祉資金，各種社会保障施策等の活用について検討する。

② 保護の申請

　保護の決定のために以下のような調査を実施する。

　生活状況等を把握するための実地調査（家庭訪問等），預貯金，保険，不動産等の資産調査，扶養義務者による扶養（仕送り等の援助）の可否の調査など。

③ 保護費の支給

　厚生労働大臣が定める基準に基づく最低生活費から収入（年金や就労収入等）を引いた額を保護費として毎月支給する。生活保護の受給中は，収入の状況を毎月申告しなければならない。世帯の実態に応じて，福祉事務所のケースワーカーが年数回の訪問調査を行う。

Q

　生活保護の住宅扶助が受給できたとして，すぐにアパートを借りられるものでしょうか？

A

　次の難関は住宅です。住む場所がないと「自立」のステップが踏めません。いつまでも施設に依存しなければならないからです。賃貸アパートを借りようとしますが，①保証人がいない，②就職していない，などの理由で賃貸物件は何件も断られます。それで疲弊してしまうんです。せっかくやる気になったのに，前に進まない，と落ち込む姿を何回も見てきました。

　DVの加害者に周辺をウロウロされては困りますから，女性の身の安全を守るため不動産屋さんや大家さんにはDV被害について，原則は打ち明けないほうがよいでしょう。ただし，施設の活動に理解のある不動産屋さんなどから探し始めるように勧めています。婦人相談員が同行支援をする場合もあります。

Q

DV 被害から立ち直ろうとしているのに，もったいない気がします。

A

賃貸物件を借りるための審査が通らない，家が見つからない，家族には頼れない，子どもを預ける先がない，などダメダメ尽くしですよね。立ち直りが心配です。ただ，被害女性が一人で生きていくということはそれだけ厳しいということです。

Q

DV を経験して，修羅場をくぐってきて，もう少し社会に甘えてもいいんじゃないでしょうか？

A

そうですね。そう思います。でも**甘える先がないんです**。法律として確立されている支援策が少ない。家族関係が希薄な方も多かったり，夫からの被害を恐れるため家族や友人に甘えることもできませんしね。

DV 被害者をかくまう施設

Q

施設に入れれば，すべて解決でしょうか？

A

施設はあくまでも中間施設ですから，いずれは退所しなければなりません。その施設自体が絶対的に不足しています。母子の場合の受け皿としては母子生活支援施設が筆頭にありますが，まず空いていません。数か月単位で待たないと入れませんから DV などの緊急性が高いケースでは行き先に困ります。

あと母子生活支援施設では DV 被害の母子の比重が高くなっていると聞きますので，安全の確保や DV 被害を受けた母子の心理的な支援など難しいケースも増えているのではないかと想像します。反面，**いろんな痛みを共感できる場**ではありますけど。

Q

施設に入所できない理由としては他にありますか？

A

福祉的な入所措置の場合，施設は家の近くを選ぶことが多いと思いますが，DV被害者の場合，自宅の近くは加害者に探しあてられてしまいますから，「なるべく遠く」という選択になりますね。地理的な条件が厳しくなります。

Q

母子生活支援施設もシェルターと同様に，「かけこみ寺」というイメージが強いですが，かけこむにはハードルがたくさんあるんですね。

A

最大のハードルは単身では入れないということです。婦人保護施設という施設がありますが，ここも数が少ないので，なかなか入所が難しいです。

最近ではステップハウス★というのが広がりつつありますが，まだまだ数が少ないですね。

★ステップハウス

DV被害にあった女性が暮らす長期的な住まい。シェルターは通勤や子どもの通学，通園が難しいのに対して，ステップハウスは，原則通勤，通学，通園が可能である（利用者の置かれた状況による）。

女性に暴力をふるう加害者への理解と援助

Q

DVの事例を多くご覧になる中で，こんな支援があったらいいのにな，と思う支援はありますか？

A

DV加害者への支援ですね。日本では制度化されていません。アメリカにはある★ようなんですが。

★DV 教育プログラム（アメリカ）

被害者の安全を重視しながら，加害者が，暴力でない新しい方法で被害者と
パートナーとして接することをめざすプログラムである。

プログラム例

第1回目：認知行動モデルによる暴力の理解

第2回目：暴力につながる信念について

第3回目：暴力の影響（パートナーに対する）

第4回目：自分の暴力に対する責任

資料：「被害者援助のための DV 加害者更生プログラム」（内閣府 HP 男女共同参画局）

Q

加害者への支援ですか。DV 加害者の男性を更生させるのは，かなり難しい
のではないでしょうか？

A

そうですね。加害者に共通して言えるのは「なんで俺が悪いんだ」という気
持ちをもっていることです。客観的に見れば，あんなに悪いことをしていても，
本人たちはほとんど罪悪感を持ちません。

DV 被害を受ける子どもへの対応

Q

奥さんが泣いたり，殴った箇所にあざができたり，時には出血するような場
面もあると思うのですが，それでも罪悪感は芽生えないんでしょうか？

A

大体の場合は，奥さんがどんな状況に陥っても，「俺の言ったとおりにでき
ないお前が悪い」と結論付けることが多いんです。「お母さんをぶたないで」
と，思い切って子どもが止めに入ると，男性もはっと我に返ることもありま
すが，子どもが痛い目にあっても，手を止めない加害者も多いです。

Q

今，お子さんのお話がでました。DV の直接的な被害者は奥さんですが，その光景を何度も見ている子どもも，かなりの傷を被っていることになりますね。

A

そうです。子どもも複雑です。「お母さんがかわいそう」という気持ちが根底にあって，その上に「お父さんが憎い」という気持ちが重なりますから，心の中に逃げ場がありません。「自分が悪い」と責める子もいます。また，子どもの目の前で家族に対して暴力をふるうことは「児童虐待（心理的虐待）」にあたります（児童虐待については p.111 参照）。

Q

シェルターには子連れで逃げてくる親子もいますよね。まず，どんな風に声をかけますか？

A

「ここは安全で安心できる場所だから無理しなくていいよ」かな……子どもも必死です。幼稚園児でも小学生でも，どんなに小さくても，お母さんを守ろうとしている。さらに，追及の及ばない知らない土地に逃げていくのですから，友達どころか，知っている人がまったくいない。想像以上の我慢が続きます。

Q

援助したお子さんに再会することはありますか？

A

シェルターを出た親子は，行方が簡単に突き止められない距離で逃げていきますので，仕事として再会することはありません。ただ，電車の中で偶然会ったことがあります。高校に編入して，定時制に通っていると話してくれました。束の間の会話でしたが，**この仕事を続けてきてよかったと思う瞬間**でした。

DV 被害を乗り越えた女性の事例

Q

　DV の事例においてハッピーエンドという可能性はあるんでしょうか？

A

　そうであることを願って支援していますが，シェルターを出た後がわからないので……。1 件だけ思い出しました。以前シェルターにいらした若いお母さんが，福祉の学校に通い始めて，レポートを書くので話を聞きたいと電話がありました。

Q

　そのレポートを書くとおっしゃった方がよい方向に向かった理由はなんだと思われますか？

A

　その方は支援をしてくれる方に恵まれていました。親御さんが協力的だったり，親戚がいたり……味方が多いと，明日もがんばろうという気になります。その方の生きる力につながるわけですね。

　今日はありがとうございました。

取材後記

「配偶者暴力を一度でも受けたことがある」女性は 10 人に 3 人

　　内閣府のデータによれば，「配偶者暴力を一度でも受けたことがある」女性は 31.3％，約 10 人に 3 人が経験していることになります（図表 1）。配偶者暴力は「他人ごと」ではなく，誰にでも起こりうる事案ではないでしょうか。配偶者から暴力を受けてしまったときに，**頼れる選択肢をどれだけ持っているか**，これは誰もが備えておくべき情報だと思いました。

図表 1　配偶者からの被害経験（男女別）

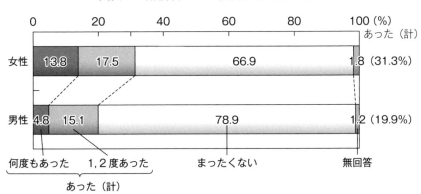

（備考）1．内閣府「男女間における暴力に関する調査」（平成 29 年度調査）より作成。
　　　　2．全国 20 歳以上の男女 5,000 人を対象とした無作為抽出によるアンケート調査の結果による。集計
　　　　　　対象者は，女性 1,807 人，男性 1,569 人。
　　　　3．「身体的暴行」，「心理的攻撃」，「経済的圧迫」及び「性的強要」のいずれかの被害経験について調査。
　　　　　　それぞれの用語の定義は以下の通り。
　　　　　　「身体的暴行」：なぐったり，けったり，物を投げつけたり，突き飛ばしたりするなどの身体に対する
　　　　　　　　　　　　　　暴行。
　　　　　　「心理的攻撃」：人格を否定するような暴言，交友関係や行き先，電話・メールなどを細かく監視した
　　　　　　　　　　　　　　り，長期間無視するなどの精神的な嫌がらせ，あるいは，自分もしくは自分の家族に
　　　　　　　　　　　　　　危害が加えられるのではないかと恐怖を感じるような脅迫。
　　　　　　「経済的圧迫」：生活費を渡さない，貯金を勝手に使われる，外で働くことを妨害されるなど。
　　　　　　「性的強要」　：嫌がっているのに性的な行為を強要される，見たくないポルノ映像等を見せられる，
　　　　　　　　　　　　　　避妊に協力しないなど。

　　　　　　　　　　　　　　　　資料：「配偶者からの被害経験」（内閣府 HP 男女共同参画局）

　内閣府「男女間における暴力に関する調査」（平成 29 年）によると，これまでに結婚したことのある人（3,376 人）のうち，配偶者（事実婚や別居中の夫婦，元配偶者も含む。）から「身体的暴行」，「心理的攻撃」，「経済的圧迫」又は「性的強要」のいずれかについて「何度もあった」という者は女性 13.8%，男性 4.8%，「1，2 度あった」という者は女性 17.5%，男性 15.1%となっており，一度でも受けたことがある者は女性 31.3%，男性 19.9%となっている（図表 1）。

　今回は DV 被害を受ける女性を保護する民間シェルターの方のお話を伺いました。DV 被害は身近な事案です。配偶者からの暴力が続くと，なかなか他人に話せず，一人で抱えるしかないと思い込んでいる被害者も多いのではないかと推測します。P さんのような方の存在に気づいて，一人じゃないんだ，と視点を変えることで，踏み出せる一歩もあると感じました（飯塚慶子）。

Column

週末クイズ

　近所のさなちゃん（小学校5年生）と週末クイズを始めて，半年が経ちました。社会人向けの授業のため週末は地方に行くことが多く，行きの電車の中や飛行機の中で，さなちゃんのお母さんにメールを打ちます。

さなちゃん
おはようございます。いま私は何県にいるでしょうか？
〜3つのヒント〜　①池・②犬・③紙

　さなちゃんの予定を知らずに出題するので，さなちゃんが海水浴へでかけるその瞬間にメールが届くこともあります。それでもさなちゃんは浮輪と一緒に地図帳をバッグに入れ，砂浜で考えるそうです。直筆のお返事がこちら。

香川県 → 瀬戸大橋 【ためいけ】
高知県 → 土佐犬　【闘犬】
☆静岡県 → トイレットペーパー【トイペ】
愛媛県 → 障子紙書道用紙【紙】
になり【静岡県】は1つだけ
四国ではないのでちがうと
思いました。県だとしぼれない

手紙・イラスト：さなちゃん直筆

　インターネットはとても便利ですが，すぐ正解にたどり着いてしまい，悩んだり，迷ったりする「寄り道」がありません。寄り道から見える風景で，ふと世界が広がることもあります。さなちゃんは週末クイズについてお父さんやお母さんと食卓であれこれ話したり，時には図書館にこもって悩むそうです。今のうちにたくさん寄り道してほしいと願い，今週もクイズを作っています。

介護保険施設

特別養護老人ホーム

生活相談員

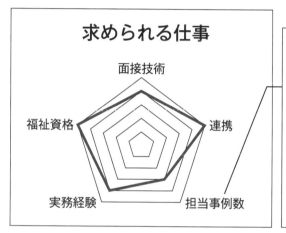

求められる仕事

面接技術
福祉資格
連携
実務経験
担当事例数

個室を主体とするユニット型特養が増え，小規模化の影響を受け担当する事例数自体は減ってきた。が，介護度は重度化する一方であり，本人や家族が抱える負担は大きく，関係機関といかに連携を確保し，介護ストレスを軽減するかが急務である。

【チャートの説明】（著者調査）

面 接 技 術：面談の際に受容や傾聴など，専門性の高い技術が求められる。

連　　　　携：多職種との複雑な連携が必要とされる。

担当事例数：一度に担当する事例の数が多い。

実 務 経 験：長い実務経験が求められる。

福 祉 資 格：社会福祉士などの資格の所有を求められる。

特別養護老人ホーム（介護老人福祉施設）

役割	介護保険施設の一つ。「特養（とくよう）」の通称で呼ばれる。常時介護が必要な 65 歳以上の高齢者で，自宅での生活・介護が困難な者が入所し，日常生活上の介護や機能訓練，健康管理等が行われる。2014（平成 26）年介護保険法の改正により，新規入所者は原則，要介護 3 以上に制限された（既入所者は除く，要介護 1・2 でも一定の場合には入所可能）。近年では新型特養（ユニットケア）に取り組む施設が増加傾向にある。
経営主体	地方公共団体，社会福祉法人
施設数	8,097 （平成 30 年介護サービス施設・事業所調査の概況）
配置規定	生活相談員必置（社会福祉士等から任用）
連携先	市役所 地域包括支援センター 介護老人保健施設，介護療養型医療施設

役に立つ法律

- ・介護保険法
- ・老人福祉法
- ・社会福祉法

現場インタビュー

特別養護老人ホーム（新型特養）にお勤めの
D さん（30 代，女性）

お仕事について

Q

お勤めの特別養護老人ホームを紹介していただけますか？

A

開設してまだ 3 年目の新しいホームです。全部で 80 床の中規模な施設です。

病院（療養病床 140 床規模）の隣に位置しています。

Q
他の特別養護老人ホームと違う点はどこでしょうか？

A
新型特養（ユニット型特養）★として，ユニットケア★を導入している点ですね。おひとりおひとりのプライバシーが守られ，**ご自宅に近い雰囲気**でお過ごしいただいています。また，病院が併設されていますので，医療的なケアを考えると安心です。

★新型特養
個室・ユニットケアを主体とする「居住福祉型の介護施設」である。特別養護老人ホームにおける大人数（4人部屋）の居住環境を改め，入居者の尊厳を重視したケアを実現することをめざし，2001（平成13）年頃から，厚生労働省が積極的に整備を進める。2002（平成14）年度から，ユニットケア型の特別養護老人ホーム（小規模生活単位型特別養護老人ホーム）に対応した施設整備費補助金が設けられた。

★ユニットケア
ユニットケア型の施設は，入所者個人のプライバシーが守られる「個室」と，他の入所者や介護職員，来訪した家族と交流するための「居間」（共同生活室）によって構成される。入居者10人前後を一つの「ユニット」として位置付け，各ユニットに専属する介護職員が，入所者自身のペースや自己決定を尊重しながら，生活の基本行為（起床，食事，入浴，就寝）を支援する。

図表2　従来型とユニットケア型の比較

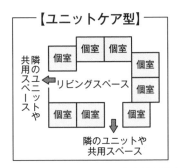

資料：「全国介護保険担当課長会議資料（平成13年9月28日）」（厚生労働省）

Q

Dさんはどんなお仕事をしておられますか？

A

　生活相談員です。入退所の手続き以外に，ご本人ご家族との相談対応，施設内での連携，地域住民の方や関係機関との連絡調整を行います。言ってみれば施設に来られる方が最初に出会う「施設の顔」です。**私の印象で，施設の印象も決まる**と思っています。責任重大です。

Q

昨日はどんな一日を過ごされていましたか？

A

　昨日は，午前中市役所で特別養護老人ホームの整備に関する説明会があり，施設長と出席しました。その後は，介護保険課で特養のご担当者に近況報告ですね。

Q

　行政のご担当者とやりとりされることも多いようですが，事務的にならないように気をつけていることはありますか？

A

　最近，手続き自体は簡便化していますが，書類だけのやりとりで終わらせず，**足を運ぶことが大事**ですね。顔が見えないとコミュニケーションも広がらないと思っています。

お勤めの施設について

Q

　入所されている方の介護度はどれぐらいでしょうか？

A

　特別養護老人ホームの新規入所者が要介護３以上に重点化され★，施設の景色がガラッと変わりました。以前は元気な方もおられましたが，今は重度の方が多い。自立して歩ける方はほとんどいらっしゃいません。

　★特別養護老人ホームの重点化

　2015（平成 27）年４月以降，原則，特養への新規入所者を要介護度３以上の高齢者に限定し，在宅での生活が困難な中重度の要介護者を支える施設としての機能に重点化する（既入所者は除く）。軽度（要介護１・２）の要介護者について，やむを得ない事情により，特養以外での生活が著しく困難であると認められる場合には，市町村の関与の下，特例的に，入所を認める。

　　資料：「社会保障審議会介護保険部会（第 51 回）資料２　平成 25 年 10 月 30 日」（厚生労働省）

Q

　要介護度について，バランスよく入所していただく，というのは難しいんでしょうか？

A

　難しいですね。重度の方に入所していただかないと，経営上はやっていけないという現実があります。それが最優先課題ではありませんが，施設の特性から考えても，軽度の方よりは重度の方のニーズに対応することが多くなります。

介護・医療によるストレスについて

Q

入所者の要介護度は平均して今，どれぐらいですか？

A

1年間平均して 4.1 くらいです。特養の平均介護度が 4.0 程度★と聞いていますので，平均よりやや重度ですね。

★平均要介護度

「2018 年度 特別養護老人ホームの経営状況について」によれば，利用者の要介護度は引き続き上昇し，従来型で 3.99，ユニット型では 3.88 と，どちらも高い水準となっている。

　　資料：「2018 年度（平成 30 年度）特別養護老人ホームの経営状況について」p. 3（独立行政法人
　　　　福祉医療機構 経営サポートセンター リサーチグループ）

Q

入所者の介護度がかなり重いようですが，働いている方にとってコミュニケーション上のストレスはないですか？　入所者さんともっとおしゃべりしたい，とか。

A

ないと思います。特別養護老人ホームを就職先に選んだ時点で割り切っているんじゃないんでしょうか。それに，当施設のように重度の方が多い施設で働いていると，入所者と頻繁におしゃべりはできなくても，**時折見せてくださる笑顔**とか，感謝されているしぐさとか，小さな表情を見逃さないようになるのではないでしょうか。

Q

同じ介護保険施設である「介護療養型医療施設（療養病床）」が将来的に廃止★されますが，どう捉えておられますか？　廃止することは○でしょうか，×でしょうか？

A

個人的な見解に過ぎませんが，現実的には療養病床でないと診られないのではないかなという重度の方も結構いらっしゃいます。老健では，対応が難しい方ですね。ADL（日常生活動作）は寝たきりで，起き上がれない。口が開いたままで渇いてしまい，痰が固まる。この吸引は回数が多いため，療養病床のように医療ケアがないと厳しいと思います。

★「介護療養型医療施設（療養病床）」の廃止

厚生労働省は 2006（平成 18）年に「療養病床」を，2011（平成 23）年度末をもって廃止すると決定したが，療養病床を有する介護療養型医療施設は介護老人保健施設などへ順調には転換されず，その期限を 2017（平成 29）年度末まで延長した。さらに，法改正（平成 29 年 6 月公布）で平成 29 年度末からさらに 6 年間延長され，2023（令和 5）年度までに廃止されることになっている。

資料：「介護療養型医療施設及び介護医療院（社会保険審議会−介護給付費分科会）
第 144 回（平成 29 年 8 月 4 日）参考資料 3」（厚生労働省）

Q

今，お話にありました「痰の吸引」★が介護職員など広くできるようになりました。それまでは制限があり，ご家族が苦労して対応してきたわけですが，実際，家族でもできると思いますか？

A

かなり慣れれば，ご家族でもできるようになると思いますが，大変です。痰の吸引は食後だけ行えばいいケースなど，定期的に回数が決まっていればまだしも，不定期の場合は 24 時間体制ですよね。痰がつまると亡くなる危険もありますから。

★痰の吸引

2012（平成 24）年度から，「社会福祉士及び介護福祉士法」が一部改正され，一定の研修を受けた介護職員等においては，医療や看護との連携による安全確

保が図られている等，一定の条件の下で喀痰吸引（口腔内，鼻腔内，気管カニューレ内部），経管栄養（胃ろう又は腸ろう，経鼻経管栄養）等の行為を実施できることとなった。

（改正前）たんの吸引・経管栄養は，医療行為に該当し，医師法等により，医師，看護職員のみが実施可能

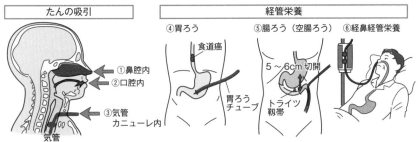

○**例外として，一定の条件下（本人の文書による同意，適切な医学的管理等）でヘルパー等による実施を容認（実質的違法性阻却論）**

　◆在宅の患者・障害者…①②③
　◆特別支援学校の児童生徒…①②＋④⑤⑥
　◆特別養護老人ホームの利用者…②＋④
　　※①〜⑥のそれぞれの行為の中に，部分的にヘルパー等が行えない行為がある。
　　（例：特養での胃ろうにおけるチューブ等の接続と注入開始は ×）

資料：「喀痰吸引等制度について」（厚生労働省）

Q

　経管栄養も同様に介護職員でも広く対応できるようになりました。経管栄養の入所者は多いですか？

A

　管をどこから入れるかによって，負担の度合いは変わってくると思います。消毒が頻回になると，かなり負荷が高いでしょう。

Q

　今お話にありました重度の要介護者の方ですが，新しく創設される介護医療院★では十分な受け皿になりませんか？

A

　重篤な身体疾患を有する者及び身体合併症を有する認知症高齢者（介護療養病床相当）に対して，看護6対1，介護6対1の人員基準ですよね。この基準で生活施設としての機能をどう重視するのか，具体的にイメージできないのが正直なところです。今後の検討に注目します。

★介護医療院

　介護医療院は，要介護者の長期療養・生活施設と位置付けられ，施設基準として（Ⅰ）介護療養病床相当と（Ⅱ）老健施設相当以上の2類型を導入する。

　（Ⅰ）の利用者像は，重篤な身体疾患がある人及び身体合併症がある認知症高齢者。現行の介護療養病床の療養機能強化型A・Bの利用者と同様とされる。

　（Ⅱ）の利用者は（Ⅰ）よりも容体が比較的安定した者とされる。また低所得の利用者は補足給付の対象となる。面積は1床当たり 8.0m^2（老健施設相当）とされる。

資料：「介護療養型医療施設及び介護医療院（社会保険審議会－介護給付費分科会）
第144回（平成29年8月4日）参考資料3」（厚生労働省）

退所先，看取りについて

Q

　入所者の方の入所先，退所先はどんな所が多いですか？

A

　施設の位置付けから考えても，元気にお家に帰ったというケースは少ないです。当施設で過ごされて，お亡くなりになる方もおられます。

Q

　看取りについてはどのようにお考えでしょうか？

A

　看取りはすべての方にとって重要なステージですから，施設では特別な体制を整えます。まずは，ご家族にはご本人が今後どのような経緯をたどるか説明

させていただいております。ご家族はゆっくり現実を受け止めていただく時間があるため，看取りを寛大に受容される方が多いとお見受けします。

Q

最期は家でみればよかった，という声を聴きますか？

A

多くのご家族が最初に在宅療養を検討されますが，医療ケアの必要性が高いため，「家でみるのは難しい」という結論に至ります。「先が見えている分だけ，あれこれ回り道せずに，本人のペースで最期を迎えられる」，とおっしゃっていたご家族がおられました。

Q

本人の意思を確認することはできますか？

A

認知症が重いため，意思疎通は難しいと思います。実際に何かお考えになられていても，言葉にならない方がほとんどです。

Q

ご本人の気持ちの確認が難しいとなりますと，ご家族はどのようなご判断をされますか？

A

複雑な医療ケアは施さない，というご家族が多いです。多くのチューブにつながれるよりは，ご本人らしさを残したまま最期を迎えたい，というご希望をお持ちになるようです。ただ，「何もしない」という方針を一度，決めても，途中でご本人がやせ細ったり，具合が悪くなったりすると，ご家族も意見が変わってきます。気持ちが揺れて当然です。本人が苦しんでいるのに，どうして何もしないんですかという気持ちに傾くわけです。ご家族としては「やっぱりこうすればよかった」と後悔はしたくないですからね。

Q

気持ちが揺れているご家族に施設ではどう対応されますか？

A

お話し合いの機会を設けます。現状と今後の推移をご説明します。ご本人の様子が変われば，ご家族の気持ちが変わるのは当然ですので，その都度，ご説明してご意向を確認します。ご家族として，医療や介護に直接関わることは難しいけれども，悩んだり，ご本人の気持ちを考えたり，できることはすべてやっておきたい，というのが真意ではないでしょうか。

福祉の将来性について

Q

今後，期待されている制度はありますか？

A

混合介護★の解禁ではないでしょうか。解禁になれば，介護保険と自費の組み合わせをある程度自由に決められますから，介護に幅を持たせることができます。一定のパターンでは，対応しきれなかった方々には朗報だと思います。

★混合介護（自費介護サービス）

東京・豊島区で介護保険によるサービスと保険外（自費）のサービスを組み合わせた混合介護のモデル事業が，2018（平成30）年度からスタートした。「介護保険サービスと保険外サービスの同時・一体的提供」では，例えば訪問介護サービスの提供時に同居している家族分の調理や洗濯なども一緒に実施することを提案し，ヘルパーの業務時間短縮と介護家族の負担軽減の効果を見込んでいる。

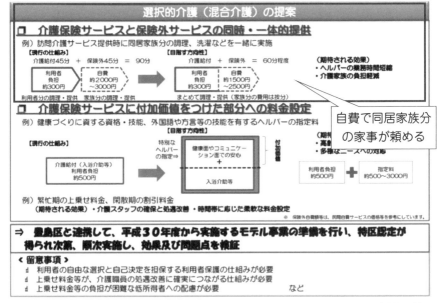

資料:「東京圏　国家戦略特別区域会議（平成29年2月10日）」(内閣府)

Q

　今まで長い間，解禁されなかった理由としては，やはり問題点があるんでしょうか？

A

　事業者さんの言いなりになって，必要のないサービスまで，**盛り込んでしまう危険がある**からでしょう。介護サービスは特殊な商品ですから，売り手に勧められれば「あったほうがいいかな」と思ってしまいます。もったいないから，やめておこう，という判断がしにくい領域です。そのサービスの必要性が高いか，低いかを，ご本人やご家族が判断するには難しいと思います。

Q

　過剰なサービスにならないように，どなたが見張り番になれそうですか？

A

やはりケアプランを作成するケアマネさんじゃないでしょうか。関連職種も，折をみて**ケアプランを覗いたほうがいいです**ね。過剰になっていないかどうか，事業者さんの言いなりになっていないかどうか，という観点で，今後はチェックしなければなりません。

Q

同居の家族も介護サービスを使えるようになるんですよね。

A

そうです。今までの問題点を解決できるかわりに，新しい懸念事項も浮上しています。ご本人やご家族が「介護＝なるべく手厚く＝必要のないサービスが盛り込まれる」という悪循環にならないように，介護が弱みになって，つけこまれないように，気をつけなければなりません。

混合介護の問題点
現状の問題点①

利用者のための食事・洗濯・部屋の掃除と一緒に，同居家族のための家事ができない。

【混合介護による解決策】 自費を支払えば，同居家族分も家事ができる。

【懸念事項】介護のためのサービスが，家事手伝いに多用され，本来の介護の必要性が度外視されてしまうのではないか。

現状の問題点②

より質の高い内容にしても報酬が変わらないため，事業者や職員に質の向上を図るインセンティブが働かない。

【混合介護による解決策】 指名料（自費）を支払えば，特定の介護職員に依頼することができる。

【懸念事項】指名料ほしさに，介護サービスの本質から横道にそれ，上乗せサ

ービスばかりが横行するのではないか。

🖊 **取材後記**

　Dさんからは，どんなに重度の入所者であっても「笑顔に焦点を当てる」という方針を教えていただきました。日常の隙間に小さくても貴重な笑顔を発見できると気持ちが弾みます。

　混合介護の解禁で，介護サービスが新しい局面を迎えますが，利用者さん，ご家族がメリットだけを享受できるように，見張り機能を強化していかねばなりません。Dさん，今日はありがとうございました（飯塚慶子）。

5 **刑事施設・矯正施設 1**

医療刑務所

福祉専門官

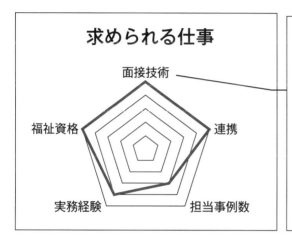

求められる仕事

面接技術
連携
担当事例数
実務経験
福祉資格

疾病障害がある受刑者の中でも精神障害を抱える対象者は些細なきっかけで自傷他害を招くおそれがあり，面接においては「聴く力」「伝える力」が高く求められる。受刑者だけでなく「待つ家族」も高齢化が進み，出所後の居場所の確保も難題である。

【チャートの説明】(著者調査)

面 接 技 術：面談の際に受容や傾聴など，専門性の高い技術が求められる。

連　　　携：多職種との複雑な連携が必要とされる。

担当事例数：一度に担当する事例の数が多い。

実 務 経 験：長い実務経験が求められる。

福 祉 資 格：社会福祉士などの資格の所有を求められる。

医療刑務所とは

役割	刑務所の中でも，精神上又は身体上に何らかの疾病・障害がある受刑者を収容し，治療することを目的とした刑務所である。医療的ケアが手厚く医師（矯正医官）が配置される。 ■福祉専門官 医療刑務所を含む刑事施設に配置され，出所する高齢者や障害者の社会復帰支援を行う。従来は非常勤のソーシャルワーカーが配置されていたが，受刑者の高齢化対策や出所後の再犯を防ぐ狙いで，2014（平成26）年度から常勤の専門職を配置した。多くの福祉専門官は，社会福祉士と精神保健福祉士の両方の資格を持っている。
経営主体	法務省の施設等機関であり，同省矯正局が所管する ＊刑務所のうちPFI方式で運営する施設は，「社会復帰促進センター」として区別される
施設数	4
配置規定	福祉専門官は社会福祉士等から任用される
連携先	警察，裁判所，保護観察所 更生保護施設，自立準備ホーム

役に立つ法律

- ・刑法
- ・精神保健福祉法
- ・更生保護法
- ・生活保護法
- ・介護保険法
- ・障害者総合支援法
- ・生活困窮者自立支援法
- ・刑事収容施設及び被収容者等の処遇に関する法律

求人例

職種	法務技官　福祉専門官
雇用形態	常勤
募集人数	1人
福祉資格要件	社会福祉士（精神保健福祉士の資格があればなおよい）
福祉関係業務経験	福祉施設，福祉事務所，医療機関等における福祉的業務に係る実務経験がおおむね5年以上あること

賃金	基本給（月額）202,500 円～322,600 円（経験により決定） 通勤手当，扶養手当，宿日直手当，住居手当，夜間特殊業務 手当，超過勤務手当 賞与：あり（前年度実績 年2回・計 4.24 月分） 昇給：あり（前年度実績 0.2%）
勤務体制	勤務時間 1）8：30～17：00 2）8：30～翌17：00（保安事務当直の場合） 3）その他交替制勤務（当直勤務等）あり 休憩時間　45 分 時間外勤務 あり（月平均 10 時間） 休日　4週8休

現場インタビュー

医療刑務所にお勤めの福祉専門官 E さん（53 歳，女性）

医療刑務所の役割

Q

医療刑務所の役割について教えていただけますでしょうか。

A

疾病・障害を有する受刑者を収容し，専門的治療や処遇を実施しています。その中でも，知的・精神的な障害の受刑者を収容する施設があり，障害の種別としては，知的障害，統合失調症の方が多い傾向にあります。

Q

現在，施設として抱えている大きな問題はなんでしょうか。

A

ほかの刑事施設も同じだと思いますが，**受刑者の高齢化が進んでいる**★とい

う点です。当施設でも 50 歳以上が約 4 割を占めます。高齢の受刑者は，ご本人だけでなくご家族も高齢になりますので，身内だけで支援体制を組むことが難しく，出所後，釈放後にご家族を含めた福祉関係機関とのネットワークの構築，**福祉的な支援**がより必要になります。

★進む受刑者の高齢化

　高齢入所受刑者の人員は増加傾向にあり，2018（平成 30）年は 2,222 人（前年比 2.5%減）であったが，平成元年と比べて約 7.1 倍に増加している。平成 2 年以降の高齢者率を見ると，上昇傾向にあり，平成 30 年は 12.2%であったが，平成元年と比べると 10.9pt 上昇している。女性の高齢入所受刑者の人員も同様に増加傾向にあり，平成 30 年は 297 人（前年比 20.4%減）であったが，平成元年と比べると約 14.9 倍に増加している。

入所受刑者の人員（年齢層別）・高齢者率の推移

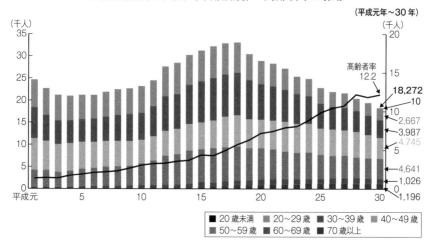

注　1　矯正統計年報による。
　　2　入所時の年齢による。ただし，平成 15 年以降は，不定期刑の受刑者については，入所時に 20 歳以上であっても，判決時に 19 歳であった者を，20 歳未満に計上している。
　　3　「高齢者率」は，入所受刑者総数に占める高齢者の比率をいう。

資料：『令和元年版　犯罪白書』（法務省）

Q

E さんのお仕事の内容を教えていただけますか？

A

　仕事の内容は次のとおりです。他の福祉施設に比べると，連携先もかなり多岐にわたります。

福祉専門官の業務内容

①申請手続き
- ・障害者手帳の申請・更新
- ・生活保護の申請準備
- ・年金の申請・更新

②支援体制の確立
- ・福祉サービスの調整 (介護保険法，障害者総合支援法)
- ・家族・各関係機関との連携

③帰住先の確保
- ・精神科病院，ホームレス支援団体・福祉関係機関との調整

④精神保健福祉法第 26 条通報

⑤受刑中のプログラム（SST・生活指導）

資料：E さん作成「講演会資料」

Q

どんなときに，お仕事の難しさを感じますか？

A

　受刑者がご自身で長期的な将来像を見出していただくこと，でしょうか。まわりがどんなに制度の後ろ盾を説明しても，「10 年後はこうなりたい」という**見通しをご自身で持たない**限り，明日も明後日もその場の雰囲気で過ごしてしまいます。

Q

「将来像を見出しにくい」方に対して，福祉的な支援の価値をどう説明され
ますか？

A

　一番よいのは，お試しで利用していただくことです。自由な空間，自由な時
間があることを実感していただきます。ただし，収容中はそれが難しいので，
関係機関の担当者にいらしていただき，パンフレットや写真で施設の中身を説
明していただきます。中でも特別調整★の場合は様々なパターンを想定し，地
域生活定着支援センターの方に何度もご足労いただき，福祉専門官とともに，
今後のことを考えます。

★特別調整

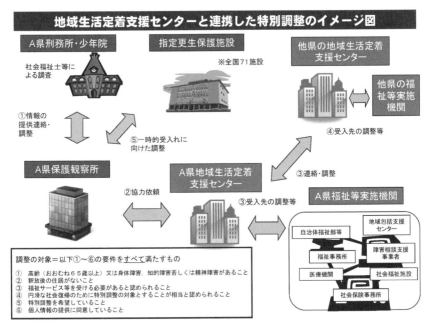

資料：「地域生活定着支援センターと連携した特別調整のイメージ図」（内閣府障害者政策委員会）

受刑者と向き合う姿勢

Q

対象者の方が「受刑者である」という点について，Eさんはどのように受容されていますか？

A

受刑者であり，障害や疾病を有している対象者ですから，「犯した罪」だけにフォーカスして，その方を判断することはあまりありません。逆に，犯した罪の背景にあるその方の人生や考え方，障害や疾病の特性に注目することが多いですね。

Q

受刑者のお話を聞きながら，「その考え方は間違っているのではないか」とつい言ってしまいたくなるときはありませんか？

A

私は「**裁く立場**」にはないので，相手の考え方が「正しいか，正しくないか」というものさしは持たないようにしています。ただ，罪を犯して刑務所にいるのですから，それを繰り返さないように，今後の正しい道筋を照らす役割は重いと思います。

Q

コミュニケーションをとる上で，工夫されていることはありますか？

A

フローチャートなどの図や写真といった視覚に訴えるもので補足しながら，なるべく平易な言葉で会話するようにしています。

Q

では，コミュニケーションのその先にあるお仕事はなんですか？

A

　受刑者から「わかりました」と答えが返ってくると，ひと安心のように見えますが，とりあえずその場をしのぐ返答としておっしゃっていることがあります。「何をどれだけ，わかったのか」を確認しなければなりません。その過程では改めて刑務官や看護師さんなど他の職種の方に対象者と話をしてもらい，対象者がどのくらい理解して，納得しているか確認してもらいます。もしかしたら私には言いにくいことがあるかもしれませんし，情報を共有することも含めてたくさんの職種の方に関わってもらっています。受刑者のことは様々な職種の方から情報を得て，毎日少しずつ理解するようにしています。

刑務所と外部との連携

Q

　支援団体や行政などの社会資源と連携をとる際に，「刑務所」という場所柄，先方が足踏みをすることはないですか？

A

　刑務所が原因で罪を犯したわけではなく，広い社会のどこかで罪を犯し，**矯正の場所**として刑務所が位置付けられているわけです。その位置関係をきちんと整理してから，連携をとるようにしています。

Q

　刑務所に福祉の専門職が置かれてまだ日が浅いですが，お仕事を知られていないことで苦労されたことはありませんか？

A

　現在はあまりありませんが，福祉専門官が設置された当初は，外部の機関に電話1本かけるのにも，苦労していました。また，刑務所にも福祉の担当者がいると周知するのに時間がかかりましたね。でも，同職の仲間がいますので，少しずつ前進してこれたように思います。これから福祉専門官が増えて，もっと仕事の枠が広がるとよいです。

ありがとうございました（飯塚慶子）。

取材後記

　Eさんの取材中，出所を迎える受刑者（70代）と，出所後に新しく入所する施設の担当者が福祉専門官を介して面談を実施していました。話の中身は聞こえませんでしたが，受刑者ご自身あまり嬉しそうではありません。聞けば，ご家族は待っていないと言います。刑務所にいる時間が長すぎて，自身も家族も高齢になった，次の一歩を踏み出す気力さえ失っている受刑者が多い実態を目の当たりにしました。

　福祉専門官が奔走し，受刑者の出所後の生活を整えたとしても，「別になんでもいいです」という受刑者の態度が新しい生活を壊してしまうのではないでしょうか。出所したら自由に散歩をしたい，買い物をしたい，好きなテレビを観たい，「明日はこうなりたい」という希望を抱くのは難しいことなのでしょうか。高齢が理由で，ご本人になかなか福祉的な支援が届かない，援助のもどかしさを痛切に感じました。

社会復帰支援の取組

　検察庁では各庁の規模や実情に応じて，被疑者・被告人の社会復帰に関する支援・調整の窓口として，「社会復帰支援室」等を設置したり，社会復帰支援担当の検察官，事務官及び社会福祉アドバイザー（非常勤・社会福祉士）を配置したりしている。同室での支援等の対象となるのは，高齢，障害等の事情により，社会復帰のため支援を必要とする被疑者・被告人であり，これらの者に対して適切な支援を行うことにより，再犯を防ぐことを目的としている。

資料：『令和元年版　犯罪白書』（法務省）

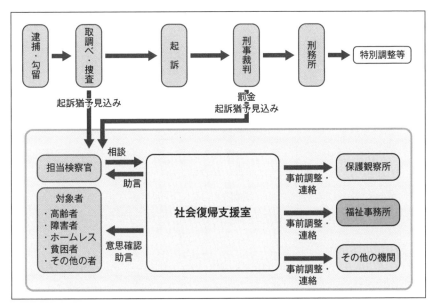

資料：「検察庁における社会復帰支援」『平成 29 年版　犯罪白書』（法務省）
　　　「検察庁における高齢者・障害者に対する再犯防止の取組」『平成 28 年版　犯罪白書』（法務省）
　　　「検察庁における社会復帰支援の取組」『令和元年版　犯罪白書』（法務省）

刑事施設・矯正施設2

少年鑑別所

法務教官

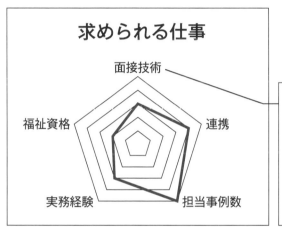

求められる仕事

法を犯した少年とともに更生の可能性を模索する，法務の専門職。忍耐強くそれでいて親近感の持てる面接技術が求められる。精神障害，発達障害の専門的知識も必要とされる。

【チャートの説明】（著者調査）

面 接 技 術：面談の際に受容や傾聴など，専門性の高い技術が求められる。

連　　　携：多職種との複雑な連携が必要とされる。

担当事例数：一度に担当する事例の数が多い。

実 務 経 験：長い実務経験が求められる。

福 祉 資 格：社会福祉士などの資格の所有を求められる。

少年鑑別所とは

役割	少年鑑別所は，（1）家庭裁判所の求めに応じ，鑑別対象者の鑑別を行うこと，（2）観護の措置が執られて少年鑑別所に収容される者等に対し，健全な育成のための支援を含む観護処遇を行うこと，（3）地域社会における非行及び犯罪の防止に関する援助を行うことを業務とする法務省所管の施設。
経営主体	法務省
施設数	52 か所
配置規定	法務教官は社会福祉士等から任用される
連携先	家庭裁判所，保護観察所，児童相談所

役に立つ法律

- ・少年鑑別所法
- ・少年法
- ・刑法
- ・児童福祉法

求人例

職種	法務教官
雇用形態	フルタイム，パート
募集人数	1人
福祉資格要件	社会福祉士，教員免許等を所有しているとよい
福祉関係業務経験	法務教官等の矯正施設勤務経験があれば望ましい。不問。男女雇用機会均等法適用除外。女性の場合，非行少年と個別に面接することもあり保安上相当の耐力等を要する。
賃金	基本給（月額平均）又は時間額　17 万円〜31 万円 その他の手当等付記事項　扶養手当住居手当（給与法に基づき支給）あり，ボーナス前年度実績年2回
勤務体制	8：30〜17：00　休憩時間 45 分 残業　月平均 10〜15 時間

図表3　少年鑑別所の役割

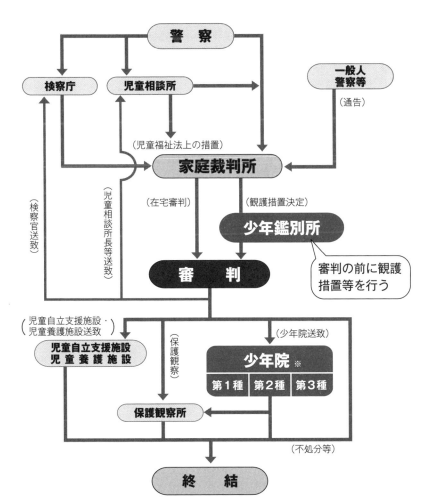

※ 少年院には，このほかに少年院において刑の執行を受ける者を収容する第4種少年院があります。

資料：「少年審判と処遇の流れ」（法務省）

 児童福祉施設

児童養護施設

児童指導員

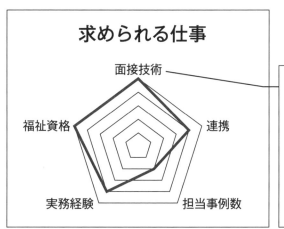

虐待で心に傷を負った児童に，そっと寄り添いつつ，親の代わりはできない限界を法律や制度で乗り越えていく。「かわいそうな子」から「強く生き抜く子」へ成長する過程を支援する。

【**チャートの説明**】（著者調査）

　面 接 技 術：面談の際に受容や傾聴など，専門性の高い技術が求められる。

　連　　　　携：多職種との複雑な連携が必要とされる。

　担当事例数：一度に担当する事例の数が多い。

　実 務 経 験：長い実務経験が求められる。

　福 祉 資 格：社会福祉士などの資格の所有を求められる。

児童養護施設とは

役割	児童養護施設は，保護者のない児童や保護者に監護させることが適当でない児童に対し，安定した生活環境を整えるとともに，生活指導，学習指導，家庭環境の調整等を行いつつ養育を行い，児童の心身の健やかな成長とその自立を支援する
経営主体	都道府県，指定都市，児童相談所設置市等
施設数	603 か所 家庭福祉課調べ（2016（平成 28）年 10 月 1 日現在）
配置規定	児童指導員が社会福祉士等から任用される
連携先	児童相談所，市役所，乳児院，ファミリーホーム，里親，学校

役に立つ法律

・児童福祉法
・児童虐待防止法
・里親委託ガイドライン

求人例

職種	児童指導員
雇用形態	常勤
募集人数	1 人
福祉資格要件	社会福祉士，保育士，小中高教諭のうち，いずれかの資格を所有していること
福祉関係業務経験	不問
賃金	月給 18 万 5,900 円～（一律手当含） 特業手当 7,000 円，特勤手当 2,500 円，別途宿直手当（1 回 4,200 円）
勤務体制	①6：40～15：00，②9：00～17：00，③13：20～22：00，④22：00～翌6：30（仮眠有）の時間で，1か月ごとのシフト制，休憩 60 分を含む，月 7 回程度の宿直勤務有 4週6休，年次有給休暇夏季（3日），年末年始（6日）

 現場インタビュー

児童養護施設にお勤めの児童指導員
Cさん（38歳，女性）

現在のお仕事について

Q

現在はどのようなお仕事をされていますか？

A

養護を必要とする子どもたちの生活支援です。子どもたちは虐待や親の精神疾患等が理由★で施設に入所します。

★児童養護施設入所理由（養護問題発生理由のうち父母に関連する理由）

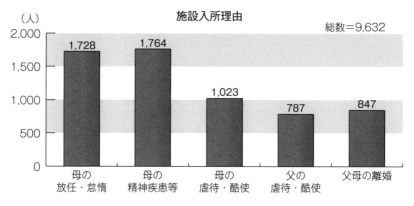

資料：「児童養護施設入所児童等調査結果（平成30年2月1日現在）」（厚生労働省）

「逃げ出したい」児童を保護する約束

Q

児童が対象者ということですが，コミュニケーションにご苦労されているのではないかと推測します。

A

　私は大学で心理学を専攻し，家族療法における「受容・共感」のコミュニケーションの技法を学びました。それが通用する対象者は 10 人に 1 人ぐらいです。どんな児童であっても，**施設に入所するその理由と背景は深いものがあります**。児童と初めて会うときは，自分の目の前に大きな溝が見え，その溝を直視してしまうと，信頼関係を築くのは，まず無理なのではないかと心が真っ白になることがあります。

Q

　対象者とお話しされていて，心が通じ合うと実感したことはありますか？

A

　虐待を受けた児童などは完全に心を閉ざしていることが多いので，感情に触れ合うことは珍しいです。また，感情が高ぶるレベルまで本音で話せる関係がなかなか構築できないのも確かです。援助者の目標として，対象児童の心に少しでも触れたいと思いますが，いつも遠く感じます。ただし，その**距離感を冷静に把握**することが大切だし，児童固有の価値観や生きてきた世界に，土足で踏み込むようなことがあってはならないと気をつけています。

Q

　現在のお仕事の中で，相談援助としてこれは成功した，と思う事例はありますか？

A

　成功した，と 100％満足できるケースは少ないです。また，「相談援助」は大事な仕事の一つですが，その一方で忘れてはいけないのが「児童の保護」です。対象者は行政の措置★によって施設に入所するので，自ら進んで入所しているわけではありません。本当は「逃げ出したい」，「家に帰りたい」と思っているかもしれない。でも施設が一番安全だと判断したので，施設にいるわけです。施設から一歩外に出れば，様々なリスクが待っています。児童を危険な目にあ

わせることはできません。児童の**保護が約束されて，初めて相談援助が成り立**つと考えます。

★措置

　児童養護施設への入所は，都道府県・指定都市（及び一部の中核市）に設置される児童相談所を通じて行政権限により行われることが一般的であり，この仕組みを措置制度という。児童養護施設は，　措置費と呼ばれる国庫負担金を基本として運営されている。

資料：「社会的養護の現状について」（厚生労働省）

Q

　リスクという言葉が出てきましたが，実際にはどんなリスクが想定されますか？

A

　不良行為★が原因で入所した児童の場合，エスカレートして不良行為を過度に繰り返したり，非行・犯罪に至ってしまうリスクがあります。家庭での虐待が原因で入所した児童の場合は，親御さんから距離を取ったのに家庭に戻ることで虐待が再発する可能性が高まります。どんな被害にあっても，親御さんが「帰ってきて」と声をかけると，帰ってしまうのが子どもの心理です。援助者は**子どもの素直な心の動きを是正する**ために，とっさに介入しなければなりません。

★不良行為

　不良行為少年とは，非行（犯罪，触法，ぐ犯）少年には該当しないが，喫煙，飲酒，深夜はいかい，その他自己又は他人の徳性を害する行為をしている少年をいう。

資料：警視庁「少年警察活動規程」

Q

　虐待のお話が出ました。件数としては急増していますが，最近の変化をどのようにご覧になっていますか。

A

　身体的虐待★は減っているように思います。報道でもありましたが，一方で，子どもの目の前で行き過ぎた夫婦喧嘩（暴力）を行う「面前ＤＶ」★が目立ちます。父親が母親に暴力をふるっている事実を，子どもはなかなか話そうとはしません。ひた隠しにします。施設に入って，テレビで似たようなシーンを一緒に観て，様子がおかしいなと思ってそっと聞いてみると「実は……」と話し出すことがほとんどです。

★児童虐待の件数

　厚生労働省によれば，全国の児童相談所（児相）が 2018（平成 30）年度に対応した児童虐待の件数は，前年度比 19.5％（2 万 6,060 件）増の 15 万9,838 件で，過去最多を更新した。調査を開始した 1990（平成 2）年度から29 年連続で増加している。子どもの前で配偶者や親族らに暴力をふるう「面前ＤＶ」や他の兄弟と差別的扱いをするなどの「心理的虐待」が 6 万 3,186 件で最多。前年度より 1 万 4,486 件増えて，全体の 51.5％を占めた。

★児童虐待の定義

	定義	件数（割合）
身体的虐待	殴る，蹴る，投げ落とす，激しく揺さぶる，やけどを負わせる，溺れさせる，首を絞める，縄などにより一室に拘束する　など	40,238（25.2％）
性的虐待	子どもへの性的行為，性的行為を見せる，性器を触る又は触らせる，ポルノグラフィの被写体にする　など	1,730（1.0％）
ネグレクト	家に閉じ込める，食事を与えない，ひどく不潔にする，自動車の中に放置する，重い病気になっても病院に連れて行かない　など	29,479（18.4％）
心理的虐待	言葉による脅し，無視，きょうだい間での差別的扱い，面前ＤＶ（子どもの目の前で家族に対して暴力をふるう（ドメスティック・バイオレンス））　など	88,391（55.3％）

件数：「平成 30 年度　福祉行政報告例の概況」（厚生労働省）
資料：「児童虐待の定義と現状」（厚生労働省）

Q

虐待を受けた児童に対して，どんな対応をとりますか？

A

まずは**時間を味方につけ**ます。心の傷が癒えるのを待つんです。心の傷は，身体の傷よりも，治るのに何倍も時間がかかります。傷は完全には治りませんが，少し落ち着いたら，目安でいうと小さな音にびっくりしたりしないようになったら，児童がなるべく前を向くように努めます。

Q

「どうせ自分なんて」と自暴自棄にならないように努めるわけですね。

A

虐待の記憶は簡単には消せませんから，**後ろを振り返らないように将来のこと**を考えます。将来と言っても，すぐそばの「近い将来」です。七夕では短冊に何を書こうか，とか，クリスマスはサンタさんに何をお願いするのか，とか。今年の七夕やクリスマスを楽しく過ごせたら，来年もまた楽しい七夕やクリスマスがやってくると子どもは期待するようになります。そうやって，生活全体が未来に向くように，施設全員で応援していきます。

Q

一度，殻にこもってしまうと，「前向きに」という援助方針が伝わりにくくなりますね。

A

そうです。一度，心を閉ざしてしまうと，行事どころか日常生活自体が成り立たなくなります。ただし，児童養護施設の児童のうち約3割が障害を抱えている★ので，**衣食住に対するこだわりや問題行動**が障害から起因するのか，虐待や成育歴の影響なのか，一時的な反抗なのか，見極めないといけません。

★施設入所児童のうち障害をもつ児童の障害種別

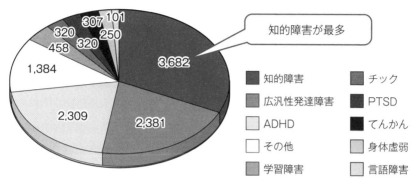

障害の内訳（単位：人）

知的障害が最多

3,682

2,381

2,309

1,384

458
320
320
307
250
101

- 知的障害
- 広汎性発達障害
- ADHD
- その他
- 学習障害
- チック
- PTSD
- てんかん
- 身体虚弱
- 言語障害

資料：「児童養護施設入所児童等調査結果（平成30年2月1日現在）」（厚生労働省）

Q

多くのリスクが取り巻く中で，Cさんの最重要課題はなんでしょうか？

A

児童の保護です。少し語弊があるかもしれませんが，「どこかに逃げたい」と考えている対象者に対して，保護とは「**ここで守る**」という**約束**です。どんな対象者に対しても，保護が自立支援の土台であることに変わりはありません。

家族で育てられない親の事情

Q

児童福祉法制定時（1947（昭和22）年），児童養護施設は戦争孤児を収容するために設立されました。元々「保護者のない児童」のための施設ですが，現在は「家庭から入所する児童」が多いようですね。

A

約7割が家庭から入所します。児童と親御さんの関係は複雑です。例えば，虐待の事実があったとしても，それを全面的に認める親御さんは少ないですからね。私たちは親御さんを責めないように，いつかは**親子として「再統合」**で

きるように，少しずつ関係の修復を手伝います。ニュースでは，虐待の件数ばかりがフォーカスされますが，その後の援助のほうがずっと深くて難しい問題です。

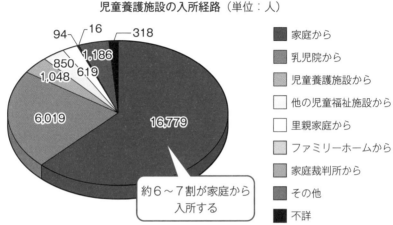

児童養護施設の入所経路（単位：人）

- 家庭から
- 乳児院から
- 児童養護施設から
- 他の児童福祉施設から
- 里親家庭から
- ファミリーホームから
- 家庭裁判所から
- その他
- 不詳

資料：「児童養護施設入所児童等調査結果（平成 30 年 2 月 1 日現在）」（厚生労働省）

Q

2番目に多いのは乳児院から入所される児童でしょうか？

A

そうです。乳児院から児童養護施設に入所しますと，家庭・家族を知らずに幼少期を過ごすことになります。これが問題視されまして，現在は施設よりも里親委託が優先されています。里親手当★もかなり引き上げになっていますが，里親の場合は施設入所以上に**マッチングが難**しいんです。真実告知★のステージをいつ迎えるかについても，正解がないですから悩みますよね。

★里親手当

里親制度の推進を図るため，2008（平成 20）年の児童福祉法改正で，「養育里親」を「養子縁組を希望する里親」等と法律上区分するとともに，2009（平成 21）年度から，養育里親・専門里親の里親手当を倍額に引き上げた。

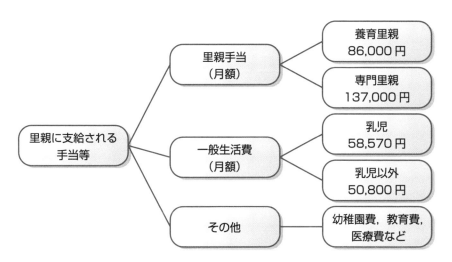

資料：「里親制度（資料集）平成 30 年 10 月　子ども家庭局　家庭福祉課」（厚生労働省）

★真実告知

　自分は実の親ではなく，里親であるという事実を里子に伝えることである。法律上，時期や告知すべき事項等は決められていないが，小学校高学年までの親子関係のよいときに話すことが望ましいと考えられている（資料：「里親ハンドブック」P17（厚生労働省））。「特別養子縁組に関する調査結果について（平成 29 年 1 月 13 日現在）」（厚生労働省）によれば，「養親からの真実告知はなく，子どもが母子手帳を確認したり，仕事の関係で戸籍を確認したりして初めて養子であることを知った」という事例も寄せられている。

資料：「里親ハンドブック」（厚生労働省），「特別養子縁組に関する調査結果について（平成 29 年 1 月 13 日現在）」（厚生労働省）

Q

　ご家族のお話が出ましたが，児童が入所したあと，ご家族の対応や姿勢はいかがでしょうか？

A

　ご家族の形はご家族の数だけあります。児童を心配されるご家族，怒るご家族，優しく対応するご家族など，様々です。

　親子分離（施設・里親）が実施された際の保護者の反応例
　・親が一番子どものことをわかっている。その親が育ててこれないのに，他人が育ててよくなるはずがない。
　・施設は親のない子の行くところ。親がいるのだから行く必要がない。
　・しつけをゆるくしたらもっと悪くなる。そうなったらどうしてくれる。
　・職員が一生子どもの面倒をみてくれるのか。
　・施設に入れるのなら親子の縁を切る。職員の子どもにすればいい。
　・家族は一人でも欠けたら家族ではない。子どもがいないと働く気にならない。金が入ってこなかったらどう責任とってくれるのか。
　・親戚が反対したら説明できない。親が責められる。
　・近所で「子どもはどうしたのか」と聞かれたら困る。
　・他のきょうだいが学校で事情をきかれたら，返事に困る。

　　　　　　　　資料：「子ども虐待対応の手引き（平成 21 年 3 月改正版）」（厚生労働省）

Q

　ご家族として，面会などで児童に距離を置いてしまうことはありますか？

A

　親御さんの面会は義務ではありません。それでも面会にいらっしゃるということは，その時点で，**ご家族としては歩み寄ろう**と努力をされていると思います。結果として別々の場所で暮らしているけれども，それでも子どものために家族として動くんだ，と姿勢を決めているからこそ，面会にいらっしゃるのだと思います。

Q

　一方で，面会・通信制限されている親御さんの場合は，会えないもどかしさを訴えたりしませんか？

A

　面会制限★を決めるのは児童相談所なので，相談所にかけ合うほうの方が多いですね。「せめて声だけでも」と電話をかけてこられる方はおられます。でも，声を聴くと子どもは家に帰りたがる。**親子の距離を確保するための制限**ですので，施設が姿勢を崩すわけにはいきません。

★虐待後の対応策

	対応策	制限可能な範囲
一時保護	虐待等により，児童を保護者から一時的に分離する必要がある場合に行われる児童の緊急保護	面会・通信制限 ※接近禁止命令が必要な場合，強制入所へ移行
同意入所等	保護者の同意の下に行われる児童養護施設等への入所措置や里親委託措置	面会・通信制限 ※接近禁止命令が必要な場合，強制入所へ移行
強制入所等	保護者の同意のないまま，家庭裁判所の承認を得て行われる児童養護施設等への入所措置や里親委託措置	面会・通信制限 ＋ 接近禁止命令（罰則あり）

資料：「児童虐待防止のための親権制度研究会報告書　添付資料」（厚生労働省）

Q

　民法が改正されて，「親権停止」★という制度が創設されました。

A

　自分の事例ではまだありません。親権停止は家庭裁判所が決定しますので，時間もかかります。緊急性が高い場合は，他の策を講じた上で，検討することになるでしょう。

★親権停止

　2011（平成23）年改正の民法では，従来の「親権喪失」に加え，期限付きで親権を制限する「親権停止」の制度が創設された。これは，期限を定めずに親権を奪う親権喪失とは異なり，予め期間を定めて，一時的に親が親権を行使できないよう制限する制度である。停止期間は最長2年間。親権停止を請求できるのは，親による親権の行使が困難なとき，又は親権の行使が不適当であることによって，「子どもの利益を害するとき」である。司法統計（令和元年速報値）によれば，親権停止が89件，親権喪失が39件認容されている。

資料：「児童虐待から子どもを守るための民法の「親権制限制度」」（政府広報オンライン）

家に帰れない子どもの真意

Q

　いわゆる「いい子」を演じるお子さんは多いですか？

A

　「いい子」というよりも「周りの目」を気にする子どもは多いですよ。どんな児童も，周囲が決めた環境に自分が置かれていることは，幼いながらに承知しています。慎重になるのは当然でしょう。真意をむき出しにできず，**演じる場面がある**のは不思議ではありません。

Q

　取り繕う側面もあれば，歯止めがきかない場面もありますか？

A

　入所してすぐは投げやりになって暴れる児童ばかりです。暴れること自体は彼らの表現の一つですから，それ自体を否定するのではなく，暴れることで誰かを傷つけたり，**自分を嫌になったりしてはいけないよ**，と伝えるようにしています。

Q

Cさんの言葉や励ましが子どもに届いたな，と実感する瞬間はありますか？

A

励ますのはある程度，子どもに底力があると確信できた場合だけです。安易に励ますことは，あまり多くありません。

Q

では「共感」というアプローチはいかがでしょうか？

A

信頼関係の構築を急ぐあまり「○君のこと，わかるよ」と言いそうになりますけど，立場が違うので，**子どもにも嘘っぽく映る**でしょうね。この違いを曖昧にして近づこうとしても，会ってまだ数日ですから，「そんな短い時間で自分の何がわかる」，って憤りを感じると思います。そのかわりに「わかろうと努力している」ことを伝えます。年齢も違う，生きてきた世界も違う，お互いに「違う」ということ前提にして，必要な接点を探ります。子どもだからってごまかしは一切通用しないです。

取材後記

親子の再統合

家族再統合とは，「親子が親子であり続けられる親子関係・親子形態の再構築」であり，「親子が安全かつ安心できる状態で互いを受け入れられるようになること」で，必ずしも親子が一緒に住み暮らすことではない。

資料：「家族再生のための地域型家族支援マニュアル」(愛知県HP)

同じ屋根の下で暮らさないスタイルで親子の関係を維持していくためには，物理的な距離を超えて，心のつながりを太く長く保っていかなければなりません。虐待の事実がなくなれば，万事解決ということではなさそうです。虐待が起きた後，親が子にどう歩み寄っていくのか。迷いや葛藤をはねのけ，社会福祉士の助言を頼りにしながら，親と子お互いの試練が形を変えて続くことを実感しました。

障害者就労支援

特例子会社

職場適応援助者（ジョブコーチ）

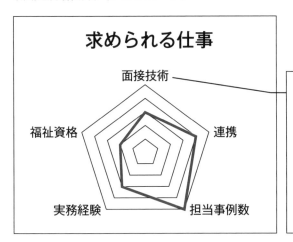

求められる仕事

面接技術 — 就労定着を志す障害者を身体的に精神的にサポートする。障害者の自主性を尊重するため，近過ぎない距離感の維持が難しい。職場内での個人情報の取り扱いにも注意が必要である。

【チャートの説明】（著者調査）

面 接 技 術：面談の際に受容や傾聴など，専門性の高い技術が求められる。

連　　　　携：多職種との複雑な連携が必要とされる。

担当事例数：一度に担当する事例の数が多い。

実 務 経 験：長い実務経験が求められる。

福 祉 資 格：社会福祉士などの資格の所有を求められる。

特例子会社とは

役割	障害者の雇用の促進及び安定を図るため，事業主が障害者の雇用に特別の配慮をした子会社。一定の要件を満たす場合には，特例としてその子会社に雇用されている労働者を親会社に雇用されているものとみなして，実雇用率を算定できる。
経営主体	民間企業
施設数	486 社 2018（平成 30）年 6 月 1 日現在
配置規定	社会福祉士の配置は任意
連携先	就労移行支援事業所，市役所，親会社

役に立つ法律

・障害者雇用促進法

・障害者総合支援法

・労働基準法

求人例

職種	ジョブコーチ
雇用形態	常勤
募集人数	1 人
福祉資格要件	社会福祉士，精神保健福祉士を所有しているとよい
福祉関係業務経験	不問
賃金	A 基本給（月額平均）又は時間額 　200,000 円 b 定額的に支払われる手当 　食事手当　3,500 円 c その他の手当等付記事項 　業績により特別手当支給の実績あり
勤務体制	9：00〜17：30 休憩時間 60 分 時間外　あり　月平均 10 時間

 現場インタビュー

富士ソフト企画株式会社（特例子会社）にお勤めの
M さん（30 代，女性）

障害者の就労定着を手伝う専門職

Q
お仕事の内容を教えてください。

A
主に①教育関係，②リワーク支援，③新入社員のフォロー業務です。

図表4　特例子会社にお勤めの M さんのお仕事内容

①教育関係
・就労移行支援事業（就職予備校）～プログラム運営，利用者支援，支援機関との連携 ・トライ（委託訓練）～都道府県職業能力開発校から委託を受け，職業訓練を提供 ・外部講師～市内特別支援学校にてパソコン操作，ビジネスマナー講座（SST★学習やグループワーク）において講師，精神医療センター・生活支援センターにおいてリカバリー講座

②リワーク支援
・親会社，グループ会社からのリワーク★を受け入れる（約2週間）

③新入社員フォロー業務
・入社受け入れ時の個人カルテを作成 ・職場定着に向けてフォローアップ

★SST（ソーシャル・スキル・トレーニング）

生活技能訓練，社会的スキル訓練として実施されている。認知行動療法理論に基づき，場面を再現したロールプレイを通して，障害者が集団生活を送る上で必要なノウハウを身につける。就労支援では挨拶，指示の受け方などを学ぶ。

★リワーク（職場復帰支援）

【主な対象者】

うつ病などで休職期間が長期化している者，休職と復職を繰り返している者

【支援の内容】

うつ病などをわずらっていても，対処方法を身につけながら，無理なく復職できるよう，

（1）生活リズムの立て直し

（2）コミュニケーションスキルの習得

（3）職場ストレスへの対処法の獲得を目的とするプログラム

を提供し，復職に向けてのウォーミングアップ（リワーク支援）を行う。

【相談窓口】

Mさんの勤務先のように会社が相談窓口を設けているほか，都道府県の地域障害者職業センターにも窓口が開設されている。精神保健福祉センター等で職場復帰支援を実施している場合がある。

資料：「みんなのメンタルヘルス」（厚生労働省）

職場内の悩みは職場内で解決する体制

Q

JOBサポート窓口の役割について教えてください。

A

社員が気軽に相談できる窓口です。業務上の悩みから，健康面，プライベートの困りごとまで，**いつでも何でも相談すること**ができます。従来はカウンセリングという形で専門職（カウンセラー）による相談窓口を設置していたので

すが，カウンセラーさんには守秘義務があり，社内で社員の悩みを共有できないこと，カウンセラーさんがお一人で大きな負担を負うことから，現在の形になりました。**職場内の悩みは職場内で解決しよう**という改革の一つでした。

Q

どんな悩みが寄せられますか？

A

個人情報ですので内容を詳しくはお伝えできませんが，障害者に関する新しい法律のこと，ご自身の体調面のこと，職場での人間関係のことなど，様々です。件数としては，1年間に60件ほど寄せられていますが，**実際悩みを抱えておられる方はもっと多い**と思います。JOBサポート窓口をもっと気軽に活用してもらえるように，方法を考えていかねばなりません。

精神障害者を対象とした職業訓練

Q

トライ！（委託訓練）★ではどんな訓練を実施しているのでしょうか？

A

神奈川障害者職業能力開発校より委託を受けて，職業訓練を提供しています。主な訓練内容は以下のとおりです。

図表5　職業訓練内容

学科	実技
☐ ストレスの対処法	☐ パソコンの操作
☐ ビジネスマナー	☐ ホームページの作成
☐ 履歴書・職務経歴書の書き方	☐ グループでの企画・立案
☐ 場面演習（SST）	☐ スピーチの実践

★トライ！

神奈川県が実施する障害者を対象とした職業訓練。実際の訓練は，障害のある者に対する職業能力開発について豊富な経験とノウハウを持った企業，民間教育機関，特定非営利活動法人等に神奈川県が委託して実施する。

資料：「障害者の方を対象とした職業訓練　トライ！」（神奈川県）

Q

かなり高度な訓練ですね。途中で，挫折する方も多いのではないでしょうか？

A

残念ながら，途中で退校される方もいます。「方向性が違う」と冷静に判断される方や，時期が夏だったりすると夏の暑さと向き合えず，それが退校につながってしまう方もいます。

Q

途中で投げ出さないために，受講し始めた精神障害者の方に対して何か工夫されていることはありますか？

A

まずは**こちらから歩み寄る**ことですね。ほとんどの方はお一人で申し込まれますから，最初，教室に入り，着席するとポツンと孤立されています。**「他者との出会い」を受け入れる**のには時間がかかりますから，あまり焦らず，ご本人のペースを守りながら人間関係を築いていくことです。

Q

話しかけるテーマやタイミングも受講生によって個別化するんでしょうか？

A

精神障害をお持ちの方は，会話の中からその方の個性を理解することが重要です。いきなり**訓練の内容を接点にするのは難しい**ので，趣味の話題なら会話

が弾みますね。それが難しければ「今日は何時に起きましたか」,「昨日は何を食べましたか」など日常的な会話から始めます。

Q

休みがちな方,挫折しそうな方にはなんと声をかけますか?

A

特別な対応はしていません。「○○さんがいなくてさびしいです」というように,**思ったことをそのまま言葉に出しています**。職業訓練を「休む」というのは,受講生の方からの一つの信号ですから,それをキャッチすること,キャッチしたということを相手に伝えることが大事です。あまり複雑な対応は相手に伝わらないですね。

障害者を雇用する責任

Q

新入社員のフォローをされていますが,障害者の方を新しく雇用する際に,面接等で質問することはありますか?

A

弊社では書類選考に加えて面接が2回あります。必ず確認しているのは「自分の障害の特性をきちんと把握されているかどうか」,**「悩みを抱えた時にその解消法を知っているかどうか」**ということです。仕事上,何かしら躓くことがあっても,ご自身で立ち直り方をわかっていれば,大きな問題にはなりません。

Q

新入社員の方が職場に定着するのに,平均してどれぐらいかかりますでしょうか?

A

個人差はありますが,どんな方でも6か月ぐらいはかかります。ご本人が仕事に慣れるのにも時間がかかりますし,会社としては,障害者ご本人の特性を

把握して，**無理なく力を発揮できる環境を作る**のにも時間がかかります。

Q

　従業員の方が会社に慣れるまでの間，Mさんはどのように支えますか？

A

　最初の頃はどんな方でも「励ます」ことが多かったんですが，逆にそれが障害者の方のプレッシャーになっていると気づきました。仕事をお休みする場合でも，それは何かしら理由があって休むわけですから，がんばっていないわけではないんですよね。ですから「がんばる」という言葉を使うときは，「**一緒にがんばりましょうか**」と声をかけるようにしています。

Q

　特例子会社は464社（2017（平成29）年6月1日取材時，平成30年6月1日時点，486社），平均すると各都道府県に10社程度ですから，あまり増えていないように思います。増えない理由としてどんな問題があると思いますか？

A

　特例子会社は障害者の方にとって**就職の機会を広げる存在**です。もっと増えてほしいと思います。しかし，親会社の業績によって採用人数が左右されてしまうことは確かです。それは特例子会社に限らず，どんな会社でも同じですね。

Q

　2018（平成30）年4月1日から障害者の法定雇用率★が引き上げになり，企業としても「障害者の雇用」にどう対応するか，大きな課題となりますね。

A

　障害を持った方の能力の高さを企業側は把握していない現状があります。障害者に適任の仕事を抱えているのに，その仕事を障害者ご本人にどう提案していけばいいかわからず，障害者雇用納付金★を支払っているままの現状があっ

たのだと思います。仕事を望む障害者と，障害者に向いている仕事のマッチングさえうまく行けば，雇用率の問題も解決の糸口がつかめるはずです。

★障害者（法定）雇用率

障害者がごく普通に地域で暮らし，地域の一員として共に生活できる「共生社会」実現の理念の下，すべての事業主には，法定雇用率以上の割合で障害者を雇用する義務がある（障害者の雇用の促進等に関する法律）。この法定雇用率が，2021（令和3）年3月1日から以下のように引き上げになる。

2.2%は障害者を雇用しなければならない

団体		法定雇用率		実雇用率 2019年
		2017年度	2021年3月	
民間企業	一般の民間企業	2.0%	2.3%	2.11%
	特殊法人	2.3%	2.6%	2.50%
国		2.3%	2.6%	2.31%
地方公共団体	都道府県	2.3%	2.6%	2.61%
	市町村	2.3%	2.6%	2.41%
教育委員会		2.2%	2.5%	1.89%

資料：「障害者の法定雇用率の引き上げについて」（厚生労働省）
「令和元年障害　者雇用状況の集計結果」（厚生労働省）

★障害者雇用納付金制度

常時雇用している労働者数が100人を超える障害者雇用率（2021（令和3）年3月以降は2.3%）未達成の事業主は，法定雇用障害者数に不足する障害者数に応じて1人につき月額50,000円の障害者雇用納付金を納付しなければならない。

資料：「障害者雇用納付金制度の概要」（厚生労働省）

就労は「障害を軽減する」最大のチャンス

Q

障害をお持ちの方にとって，就労とはどんなステージなんでしょうか？

A

よい意味で「就労は障害を軽減する」と考えています。自分と向き合うチャンスです。障害をお持ちの方は，ご自身で「こんなことはできない」と壁を作ってしまう，殻に閉じこもってしまう傾向にあります。就労するのは大変ですが，情熱や努力，周囲の応援によって，壁を取っ払い，**困難に勝てる瞬間**があります。「できない」と思っていたことが，いつしか「自分にもできた」「自分にしかできない」という自信に変化していくチャンスです。

Q

壁や殻を「自信」に変化させるのは，長い道のりではないでしょうか。どんなことを常に心がけていますか？

A

問題を抱えても，弱みを見せて相談に来られる方ばかりではないので，「**全従業員のことをわかっておく**」という姿勢を常に忘れないようにしています。長い道のりではありますが，即効性がある解決法はほとんどありません。諦めずに「話し合う」，いつでも相談に応じる体制を全員に伝える，その繰り返しです。

人生の岐路に立ち会う仕事

Q

Mさんとこうしてお話ししていると，自分自身を楽に解放できる気がします。従業員の皆さんも無理に構えず，悩みをスッと切り出せるのではないでしょうか？

A

以前はいかにも「あなたの役に立ちたいです」というオーラが出ていて，逆

にそれが相談する側からの「壁」になっていたかもしれません。「障害を持っていても，もっと働きたい」という方に数多く出会い，従業員の皆さんの**潜在能力の深さ大きさ**に気づかされました。

Q

相手の力を引き出すエンパワーという考え方が芽生えたということでしょうか？

A

そうです。私ができることは大きくなくても，**引き出せる相手の力は無限**です。ただし，相手にかけあうタイミングは早すぎても遅すぎても，いけません。その分岐を見極めるのは本当に難しい。でも，従業員の皆さんにとって人生を分ける大きな岐路に立ち会うことができる，この仕事に誇りを持っています。

ありがとうございました（飯塚慶子）。

取材後記

目標設定理論

1960 年代にアメリカの心理学者ロック（Lock,E.）が提唱した理論です。「がんばれ」とただ精神的に刺激を与えるよりは，具体的で明確な目標を掲げたほうがモチベーションは高まると唱えています。M さんは障害を抱えながら働く従業員の自己肯定や自己実現を尊重しつつ，今日よりも明日は少し背伸びして働けるように各個人にあわせて具体的な目標を定めていました。この目標設定によって従業員のモチベーションが高く維持されているのだと思います。

9 独立型・起業

独立型社会福祉士事務所

成年後見人

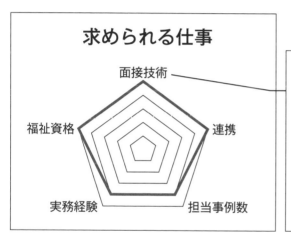

求められる仕事

面接技術
福祉資格
連携
実務経験
担当事例数

独立型社会福祉士として起業し，安定した収入を確保するには，顧客獲得や経営判断の困難を乗り越えなければならない。成功した方はご自身の手法を駆使し，他にはない個性豊かな相談援助を展開されている。

【チャートの説明】(著者調査)

面 接 技 術：面談の際に受容や傾聴など，専門性の高い技術が求められる。

連　　　　携：多職種との複雑な連携が必要とされる。

担当事例数：一度に担当する事例の数が多い。

実 務 経 験：長い実務経験が求められる。

福 祉 資 格：社会福祉士などの資格の所有を求められる。

成年後見制度とは

役割	成年後見制度とは，判断能力が十分でない認知症等の対象者について，家庭裁判所によって選ばれた成年後見人等が，身の回りに配慮しながら財産の管理や福祉サービス等の契約を行い，本人の権利を守り生活を支援するための民法上に定められた制度である。成年後見制度には家庭裁判所が成年後見人等を選任する「法定後見」と，あらかじめ本人が任意後見人を選ぶ「任意後見」の２つの制度がある。
後見人	成年後見人・保佐人・補助人（以下後見人等）は，家庭裁判所が選ぶ。選ばれる後見人等は，親族以外に，弁護士，社会福祉士，司法書士，行政書士などの専門職や法人が選ばれることもある。また，成年後見人等が複数選ばれることもある。
件数	35,959 件（2019（平成31）年１月～2019（令和元）年 12 月までに申立てのあった件数）成年後見関係事件（後見開始，保佐開始，補助開始及び任意後見監督人選任事件）の申立件数は合計で 35,959 件（前年は 36,549 件）であり，対前年比約 1.6%の減少となっている。
連携先	弁護士 家庭裁判所

図表６　法定後見制度の流れ

法定後見の開始までの手続の流れの概略

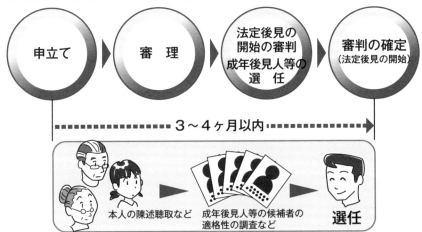

資料：「成年後見制度～成年後見登記制度～」（法務省）

役に立つ法律

- ・社会福祉法（日常生活自立支援事業）
- ・民法
- ・任意後見契約に関する法律

求人例

職種	社会福祉士のアシスタント， 将来事務所開業を志す方，大歓迎
雇用形態	常勤
募集人数	1人
資格要件	社会福祉士
福祉関係業務経験	不問
賃金	月給 16 万円
勤務体制	9時～18時　休憩1時間 資格手当，通勤手当あり

現場インタビュー

独立型社会福祉士として成年後見人等を務めておられる
L さん（60 代，女性）

Q

社会福祉士をめざそうと思われた経緯を教えてください。

A

　1990（平成2）年に母がアルツハイマー型認知症と診断され，福祉サービスを利用しながら在宅生活を送り 2005（平成17）年に他界しました。その間に福祉の仕事に興味を持ち，都立の専門校介護サービス科で就学しヘルパー1級の資格を取得。サービス提供責任者として介護事業所に勤務しました。仕事をしていくうちに福祉の勉強をもっとしたいと思い，養成施設の通信教育で社会福祉士受験資格を取得。社会福祉士の資格を取得しました。

Q

　自費介護サービスを手がけておられますが，始めようと思われたきっかけは何ですか？　また，自費介護サービスのご利用状況をどのようにご覧になっておられますか。

A

　勤務していた介護事業所で，介護保険では利用できないサービスを希望される利用者がいらしたことがきっかけです。福祉系 NPO 起業・管理スタッフ養成科の講座を受講し 2008（平成 20）年に自費介護サービスの会社を立ち上げました。

Q

　サービスの中で，利用される方が多いのは，どのようなサービスでしょうか。冠婚葬祭の同行などは既存のサービスでは届かない，でも必要とされる内容だとお見受けしました。

A

　介護保険サービスの時間数がオーバーした場合と同じ内容のサービスが多いと思います。

Q

　成年後見のお仕事をされていると伺いました。知人も同様の仕事を担っており，苦労話をよく聞きます。L さんが今まで扱われたケースの中で，どんな事案でご苦労されましたでしょうか。

A

　親族申立ての事件です。後見制度自体がとても複雑なので，ご家族の理解を確認しながら進めていかなければなりません。もし，ご理解されないまま，制度の利用がスタートしてしまうと，事実行為の要求が過度に多くなってしまいます。重要な業務である財産管理が円滑に進まないこともあります。

成年後見制度の全体像

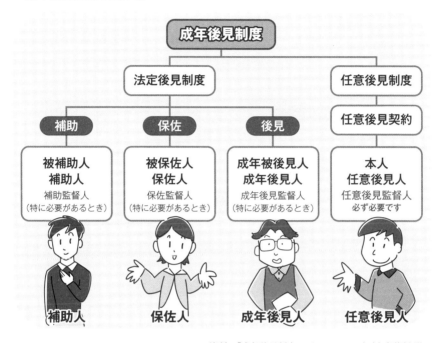

資料：「成年後見制度のパンフレット」（家庭裁判所）

Q

今，注目されている制度，こんな制度があったらいいな，と思われる制度を教えてください。

A

任意後見制度★が周知され，利用しやすくなればよいと思います。

★任意後見制度

任意後見制度は本人がまだしっかりと自分で判断ができるうちに，自分の判断能力が不十分になったときの後見事務の内容と後見する人（任意後見人）を，事前の契約によって決めておく制度である。公正証書を作成する必要がある。なお，家庭裁判所は任意後見監督人を選任し，任意後見人を監督する。

任意後見制度の流れ

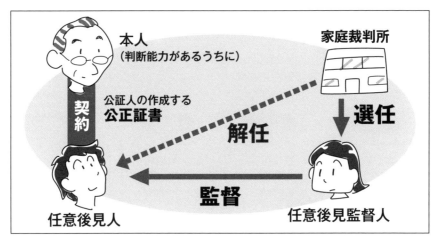

Q

社会福祉士，成年後見人をめざされる方へ，メッセージやアドバイスをお願いします。

A

社会福祉士，成年後見人は社会保障制度に精通し，人に寄り添い，人の最善の利益を考え，人の生活を守る専門家として今後ますます必要とされると思います。

ありがとうございました（飯塚慶子）。

取材後記

　Lさんには成年後見制度について詳しくご紹介いただきました。社会福祉法には日常生活自立支援事業★が規定されており，日常的な金銭管理などを支援してもらえる制度があります。

★日常生活自立支援事業

　日常生活自立支援事業とは，認知症高齢者，知的障害者，精神障害者等のうち判断能力が不十分な方が地域において自立した生活が送れるよう，利用者との契約に基づき，福祉サービスの利用援助等を行う。

【実施主体】

都道府県・指定都市社会福祉協議会（窓口業務等は市町村の社会福祉協議会等で実施）

【対象者】

- ・判断能力が不十分な方
- ・本事業の契約の内容について判断し得る能力を有していると認められる方

> 本人に契約能力が残されていないと利用できません

【援助の内容】

- ・福祉サービスの利用援助
- ・苦情解決制度の利用援助
- ・住宅改造，居住家屋の貸借，日常生活上の消費契約及び住民票の届出等の行政手続に関する援助等
- ・預金の払い戻し，預金の解約，預金の預け入れの手続き等利用者の日常生活費の管理（日常的金銭管理）
- ・定期的な訪問による生活変化の察知

資料：「日常生活自立支援事業」（厚生労働省）

第 **5** 章

社会福祉士の
キャリアアップ

社会福祉士として
キャリアをみがきたい，と思う方に，
自分の研鑽の場として，
日本社会福祉士会をご紹介します。
新しく誕生した認定社会福祉士制度にも注目です。

キャリアアップの
仕組み1

職能団体公益社団法人日本社会福祉士会

公益社団法人日本社会福祉士会は，「社会福祉士」の職能団体です。各都道府県には法人格を有する社会福祉士会が置かれています。現在，4万人以上の会員がおられます（2019年3月末日付会員数41,731人，日本社会福祉士会ホームページ）。これだけ多くの方が会員として入会するのは，日本社会福祉士会が，社会福祉士にとって**実り多き自己研鑽の場**だからです。主な活動内容を紹介しましょう。

公益社団法人日本社会福祉士会の活動
◆研修・調査・研究
・専門性の維持・向上としての「生涯研修制度」
・地域包括支援センターの社会福祉士の力量を向上する研修
・後見に関する研修 ・虐待対応のための研修 ・独立型社会福祉士に関する研修
・障害者の地域生活を支援するための研修 ・実習施設実習指導者のための研修
・保健医療分野のソーシャルワークに係る研修
・認定社会福祉士制度の運用への協力
・「社会福祉士学会」の開催，研究誌『社会福祉士』の発行
・世界のソーシャルワーカーとの連携，海外調査派遣
◆事 業
・権利擁護センターぱあとなあ事業
・出版事業

◆広 報

・日本社会福祉士会ニュース，ホームページ

資料：公益社団法人日本社会福祉士会パンフレットより一部引用

 現場インタビュー

社会福祉士の普及に尽力されている日本社会福祉士会事務局長にお話を伺いました。

日本社会福祉士会の現状について

Q

入会されている会員の属性を教えてください。

A

一番多いのは老人福祉関係施設に勤務されている方，次に医療機関に勤務されている方です。

図表1 会員の属性

会員の勤務先

- 老人福祉関係施設
- 医療機関
- 地域包括支援センター
- 知的障害者福祉関係施設
- 社会福祉協議会
- 福祉公社，団体等
- 行政機関
- 教育機関
- 介護老人保健施設
- 児童福祉関係施設
- その他

16% 10% 8% 8% 8% 6% 6% 4% 4% 3% 27%

資料：「日本社会福祉士会資料 勤務先会員数（2017年1月31日）」（日本社会福祉士会）をもとに作成

Q

入会された方の満足度が高いのはどんな点でしょうか？

A

研修の機会や社会福祉に関する**情報等の提供と仲間づくり**でしょう。

同じ価値観をもった専門職で，相談相手ができれば心強いですし，一生の財産だと思います。

Q

会員の方が共通して抱えている課題はどんなことでしょうか？

A

日本社会福祉士会として，2007（平成19）年の**社会福祉士及び介護福祉士法の改正**の際に要望したのは，以下の3点です。ここには会員の方の声が反映されています。

「社会福祉士」に関する日本社会福祉士会の要望

① 任用の促進

② 職域の拡大

③ 待遇改善

このうち**①と②については前進**がありましたが，③についてはもっと改善の余地があると考えています。

例えば「非常勤」という勤務体系です。非常勤に限定して，社会福祉士を募集するとなかなか集まらないという話を聞きます。

Q

社会福祉士の募集で一番多い種別は何でしょうか。高齢者施設ですか？

A

最近の特徴として，スクールソーシャルワーカーが多いようです。その傾向がいつまで続くかはわかりませんが，今の時点では多く見受けます。

社会福祉士の普及について

Q

現在，社会福祉士は名称独占★の資格ですが，業務独占★も視野に入れておられますか？

★業務独占と名称独占

> **業務独占：資格を持った者だけがその業務を行うことができる**
>
> ・医師，弁護士，税理士など
>
> **名称独占：資格を持つ者だけがその名称を名乗ることができる**
>
> ・社会福祉士，介護福祉士など

A

日本社会福祉士会では『**実質的な業務独占**』をめざしています。現在，社会福祉士はいろいろな分野で活躍していますので，「この業務しかできない」という『業務独占』ではなく，各分野での社会福祉士の評価を高めて任用を推進し，結果的に業務独占が広がればよいと考えます。2006（平成18）年から設置された「地域包括支援センター」に社会福祉士が必ず置かれているのは，**任用拡大の一例**だと捉えています。

Q

地域包括支援センターには社会福祉士の他，保健師，主任介護支援専門員が置かれていますが，三者のバランスをどうご覧になっていますか？

A

三者の連携において，**社会福祉士は重要なポジション**を占めます。特に，社会福祉士は地域包括ケアにおける地域との連携を担いますので，様々な方々と信頼関係を築けるかどうか，キャリアや技量が試される職場ではないでしょうか。

社会福祉士としての適性について

Q

　社会福祉士は常に，多くの「人」に関わるお仕事ですし，知識も技術も求められます。適職かどうか，どの時点で判断するとよいでしょうか？

A

　養成課程の**相談援助実習の機会に判断する**とよいのではないでしょうか。実習はご本人も，受け入れる施設側も，指導に訪れる先生も，大変なご苦労があるでしょうから，**適性を含め，いろいろな要素を判断する期間**として捉えてほしいです。最後の国家試験であきらめてしまうと，この実習が将来につながらなくなりますから，ぜひ試験に合格して，資格を取得してほしいと願います。

図表2　実習・演習時間

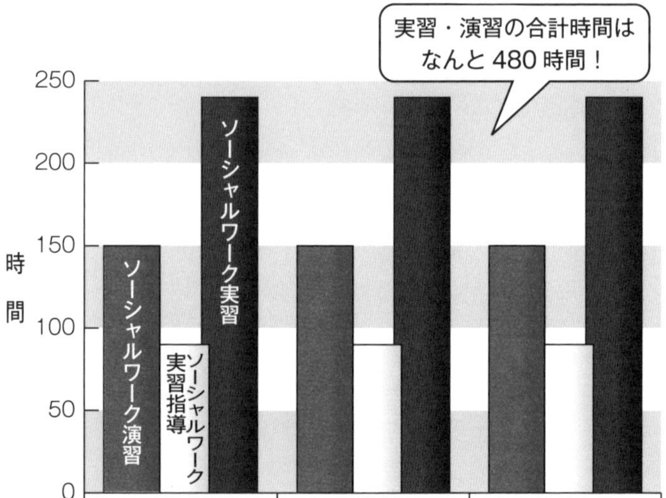

実習・演習の合計時間はなんと480時間！

	一般養成施設	短期養成施設	福祉系大学
ソーシャルワーク演習	30	30	30
ソーシャルワーク演習（専門）	120	120	120
ソーシャルワーク実習指導	90	90	90
ソーシャルワーク実習	240	240	240

資料：「社会福祉士養成課程における教育内容等の見直しについて」（厚生労働省）をもとに作成

　一般養成施設，短期養成施設，福祉系大学ともに，実習・演習に合計420時間を費やしています。実習期間だけではなく，振り返る時間も含めて，ご自身が社会福祉士の仕事に向いているかどうか，じっくり考えることができます。

生涯研修について

Q

　大学を卒業したばかりの新卒の社会福祉士は，どうやってキャリアアップを図っていけばよいでしょうか？

A

　我々は，職能団体として**キャリアアップ支援の体制を万全**に整えています。ぜひ，若い力で，ソーシャルワークに**必要な知識，技術の専門性**を高めてもらいたいと願います。

Q

　それは賛成です。自分の職場だけでは援助活動の範囲も制限されてしまいますから，ご自身の価値観や見聞を広げるために，生涯研修★を活用するのは，有効だと思います。新卒の方にお勧めの研修は何ですか？

A

　まずは「基礎研修」を受講してほしいと思います。

　「基礎研修」は3年間で，社会福祉士として共通に必要な知識や技術を実践で使えるよう，課題，講義，演習を通して向上していく研修です。社会福祉士として一歩を踏み出した方，異業種から転職していらした方などに受講をお勧めしています。

　★生涯研修制度

　生涯研修制度には，都道府県社会福祉士会に新たに入会した会員が受講する「基礎課程」と，社会福祉士に共通して必要な内容である「共通研修」と特定の領域による専門的な内容である「分野研修」で構成する「専門課程」がある。

新卒の学生さんの入会率は，今後もまだまだ伸びていく可能性が高いです。
都道府県によっては，準会員制度もありますので，学生の間に社会福祉士としての土台を築いていただきたいと思います。

Q

ベテランの方にとっての「研修」はどんな位置付けでしょうか。新人の方とは違った捉え方があると思いますが。

A

自身の実践や行動を見つめ直す機会になるのではないでしょうか。グループの演習では，経験の豊かな方，中堅の方，様々な立場・視点を持った方がおり，新たな気づきを促すことと思います。また，積極的な方，消極的な方など，いろいろな方がいらっしゃいますので，演習が円滑に進行するように，必要に応じて**ファシリテーターが仲介**するようにします。

権利擁護センターぱあとなあ事業について

Q

経験の長い方，もしくはご年配の会員の方のご意向はいかがでしょうか。どんなご希望が多いですか？

A

成年後見制度の受任を希望される方がいらっしゃいます。本会では『権利擁護センターぱあとなあ事業』★を手がけており，成年後見制度の利用支援を行っています。

★権利擁護センターぱあとなあ事業

日本社会福祉士会では，判断能力が不十分な人たちが安心して暮らすことができるよう，成年後見制度の広報普及活動の他，利用に関する相談から成年後見人等の紹介，受任，受任後の支援まで，一貫した支援を行っている。各都道府県社会福祉士会では成年後見人候補者名簿を管理している。

図表3　ぱあとなあ（成年後見人）受任までの流れ

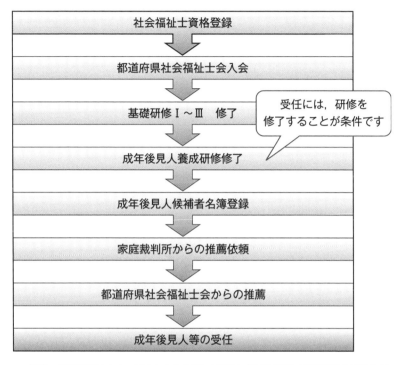

資料：「権利擁護センターぱあとなあひろしま資料」（公益社団法人広島県社会福祉士会）
をもとに作成

Q

成年後見をお仕事として受任されるんでしょうか。それともライフワークと
してでしょうか？

A

本会の受任状況は，受任件数1件の方が1,848人（2,049人）で受任者の
36.0％（36.4％）を占めます。受任件数2件の方を含めると約60％（57.1％）に
なります。ほとんどの方はご自身の仕事をしながら受任されます。一方，受任
件数20件以上の方は2.3％（2.4％）です（2017（平成29）年1月末，図表4，
（　）は2018（平成30）年1月末）。

図表4　ぱあとなあ成年後見人等受任件数

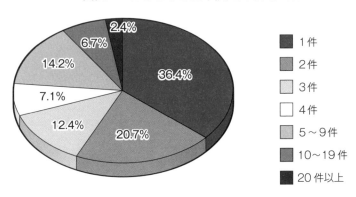

凡例:
- 1件
- 2件
- 3件
- 4件
- 5〜9件
- 10〜19件
- 20件以上

資料：「ぱあとなあ受任状況　2018年2月　報告書」（日本社会福祉士会）をもとに作成

図表5　成年後見人等の報酬額のめやす

	基本報酬	管理財産額*	
		1,000万円〜5,000万円	5,000万円超〜
成年後見人 保佐人 補助人	20,000円	30,000〜40,000円	50,000〜60,000円

＊管理財産額：預貯金及び有価証券等の流動資産の合計額
資料：「成年後見人等の報酬額のめやす」（東京家庭裁判所・東京家庭裁判所立川支部）をもとに作成

独立型社会福祉士について

Q

　独立型社会福祉士が以前に比べて増えてきた，という印象ですが，実際どんなお声を聴かれますか？

A

　増えてきたことは事実です（独立型社会福祉士名簿登録者450名，2020年7月14日時点「日本社会福祉士会資料」）。

図表6　独立型社会福祉士名簿登録要件

独立型社会福祉士名簿登録要件（2018（平成30）年8月改正）

1　都道府県社会福祉士会の会員である者。

2　認定社会福祉士認証・認定機構により認定された「認定社会福祉士」である者*。

3　本会へ事業の届出をした者。

4　本会独立型社会福祉士委員会主催の独立型社会福祉士に関する研修を修了した者。

5　毎年の事業報告書の提出を確約した者。

6　社会福祉士賠償責任保険等への加入を確約した者。

7　独立型社会福祉士名簿の公開に同意した者。

＊当面の間，経過措置あり。
資料：「独立型　社会福祉士名簿とは」（日本社会福祉士会）

　ただし，現状は独立型として事務所を構えている社会福祉士でも，社会福祉士としての相談業務だけで成り立っている方は少なく，ケアマネジャー，成年後見人，大学の非常勤講師などを兼任して生計を成り立たせているようです。最近ではスクールソーシャルワーカーを兼任する方もおられます。

Q

　相談業務に対する報酬単価は，社会福祉士ご自身がお決めになるのでしょうか。相場が決まっているのでしょうか。弁護士さんへの相談なら単価のイメージもわきますが，社会福祉士への相談というと価格の設定が難しいと思います。

A

　相場や規定はありませんので，社会福祉士ご自身が決めます。「相談1時間いくら」と看板をかかげておられる方もいますが，相談者に相談してもらうことにどのような価値を見出していくかは，大きな課題のようです。

Q

社会福祉士として独立する目標をお持ちの方に対し，後ろ盾になるような策はありますか？

A

本会は独立型社会福祉士研修や独立型社会福祉士全国実践研究集会を毎年開催しています。また，都道府県社会福祉士会が地方自治体から事業を受託して，それに独立型社会福祉士を派遣することもあります。

今後に向けて

Q

最後に今後に向けて，日本社会福祉士会としてかかげるテーマはありますか？

A

今までもこれからも，一番のテーマは，実践力を高めるとともに社会福祉士の役割や機能の認知度を上げることが必要と考えています。

そのために，厚生労働省社会保障審議会福祉部会福祉人材確保専門委員会★において，社会福祉士のあり方について議論が進められています。

★社会保障審議会 （福祉部会）

社会保障審議会とは，厚生労働省に設置されている審議会等の一つ。介護，医療，福祉などテーマごとに，分科会や部会が置かれている。

ありがとうございました（飯塚慶子）。

キャリアアップの
仕組み2

認定社会福祉士・認定上級社会福祉士

さらに上をめざす資格

認定社会福祉士制度では，社会福祉士の実践力を認定する資格として「認定社会福祉士」及び「認定上級社会福祉士」の2種類を位置付けています。

図表7　認定社会福祉士制度

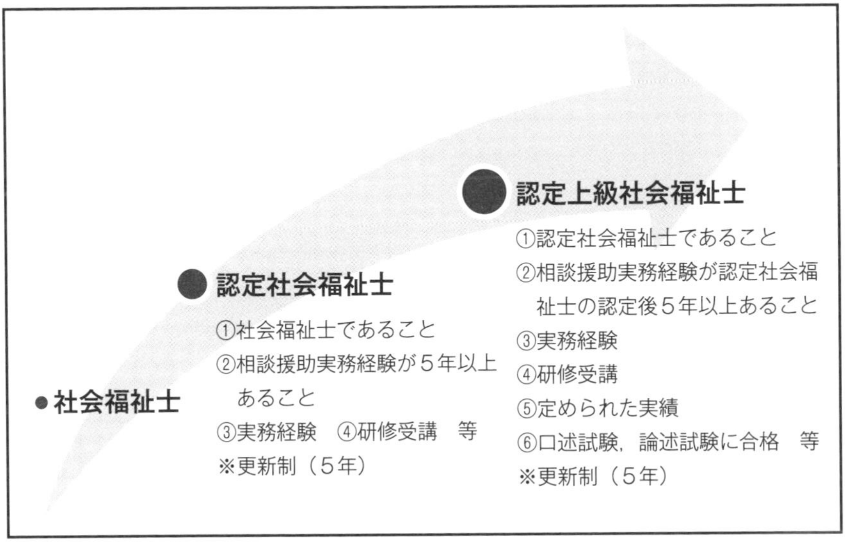

認定上級社会福祉士
①認定社会福祉士であること
②相談援助実務経験が認定社会福祉士の認定後5年以上あること
③実務経験
④研修受講
⑤定められた実績
⑥口述試験，論述試験に合格　等
※更新制（5年）

認定社会福祉士
①社会福祉士であること
②相談援助実務経験が5年以上あること
③実務経験　④研修受講　等
※更新制（5年）

●社会福祉士

資料：「認定社会福祉士制度」（認定社会福祉士認証・認定機構）をもとに作成

図表8　認定社会福祉士制度の全体像

認定社会福祉士制度

活動	○所属組織における相談援助部門のリーダー ○高齢者福祉，医療など，各分野の専門的な支援方法や制度に精通し，他職種と連携して，複雑な生活課題のある利用者に対しても，的確な相談援助を実践。
役割	①複数の課題のあるケースへの対応 ②職場内のリーダーシップ，実習指導 ③地域や外部機関との窓口，緊急対応，苦情対応 ④職種連携，職場内コーディネート
分野	高齢分野，障害分野，児童・家庭分野，医療分野，地域社会・多文化分野

認定社会福祉士の認定後 5 年以上相談援助実務経験

認定上級社会福祉士制度

活動	○所属組織とともに，地域（地域包括支援センター運営協議会，障害者自立支援協議会，要保護児童対策協議会 等）で活動。 ○関係機関と協働し，地域における権利擁護の仕組みづくりや新たなサービスを開発。 ○体系的な理論と臨床経験に基づき人材を育成・指導。
役割	①指導・スーパービジョン ②苦情解決，リスクマネジメントなど組織のシステムづくり ③地域の関係機関連携のシステムづくり，福祉政策形成への関与 ④科学的根拠に基づく実践の指導，実践の検証や根拠の蓄積
分野	自らの分野における実践に加え，複数の分野にまたがる地域の課題について実践・連携・教育

資料：「認定社会福祉士制度」（認定社会福祉士認証・認定機構）をもとに作成

インタビュー

認定社会福祉士認証・認定機構の
お話を伺いました。

Q

現在，どれくらいの方が認定されていますか？

A

2017（平成29）年4月時点で，約500人の方が「認定社会福祉士」に認定されています。2011年から立ち上げた制度ですが，めざされる方が多くいらっしゃいます（954人，2020（令和2）年4月1日時点）。

Q

認定社会福祉士では，「高齢分野，障害分野，児童・家庭分野，医療分野，地域社会・多文化分野」から専門を1分野選ぶことになっています。研修の段階で専門分野を特定するのに，迷われる方はおられませんか？

A

分野専門の「専門」とは，専門分野に特化することでなく，ご自身の軸足を固めるという意味で「専門」と称しています。ですので，他の分野は専門外と捉えたりせずに，社会福祉士の役割をより一層果たすために必要な横に広がる分野と考えます。

取材後記

認定社会福祉士制度が今後も普及すれば，利用者さんにとって「この分野ならこの社会福祉士に相談してみよう」と，相談の決め手になりますね。社会福祉士さんもキャリアを重ねる上で，5年先10年先の中長期的な目標ができると思いました。

お問い合わせ先

公益社団法人 日本社会福祉士会

認定社会福祉士認証・認定機構

〒160-0004 東京都新宿区四谷 1 丁目 13　カタオカビル 2 階

TEL：03-3355-6541　FAX：03-3355-6543

受付時間（2020 年 4 月 27 日から短縮）

月曜日〜金曜日（祝祭日等を除く）10：15〜16：15

第 6 章

社会福祉士に
プラスする資格

修了証明書

氏
生年月日

あなたは、介護保険法（平成9年
法律第123号。）第69条の2に規定
する介護支援専門員実務研修を
修了したことを証します。

社会福祉士のダブルメジャーと言えば
社会福祉士＋介護支援専門員（ケアマネジャー），
社会福祉士＋精神保健福祉士，
いずれも福祉業界の王道です。
2つの資格から繰り出す多彩な相談援助により
クライエントはより多くの困りごとを解決すること
ができます。

介護保険サービスと要介護者をつなぐ

1 介護支援専門員（ケアマネジャー）

公的資格

人気度 ★★★★☆

難易度 ★★★☆☆

将来性 ★★★★★

　介護保険サービス事業者と連絡調整を行い，ケアプランを作成します。要介護者向けのケアプラン作成は，介護支援専門員の業務独占なので，求人も多く，社会福祉士にプラスすると，高齢者福祉のプロとして専門性と安定感を手に入れることができます。

介護支援専門員になるには？

　介護支援専門員の業務に従事するためには，社会福祉士等の国家資格取得後**5年以上の実務経験**を経て，介護支援専門員実務研修受講**試験**に**合格後**，実務研修を修了し，各都道府県の介護支援専門員名簿に登録を行い，介護支援専門員証の交付を受けることが必要です。

図表1　資格取得までの流れ

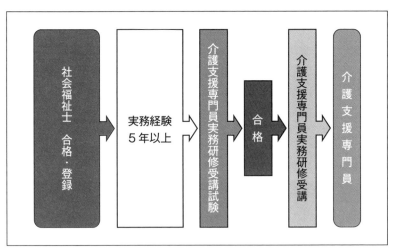

社会福祉士　合格・登録　→　実務経験5年以上　→　介護支援専門員実務研修受講試験　→　合格　→　介護支援専門員実務研修受講　→　介護支援専門員

◆注意点！

実務経験の規定

　実務経験には細かい規定があります！

　介護支援専門員実務研修受講試験を受験するには，対象となる資格及び業務内容で一定の実務経験を満たさなければなりません（図表2）。いずれの業務内容においても，要援護者に対する**直接的な対人援助業務**が本来業務として明確に位置付けられていることが必要です。なお，「介護支援専門員実務研修受講試験の実施について」の一部改正（2015（平成27）年2月12日付老発0212第2号）により受験要件の見直しが行われました。今後，変わる可能性がありますので，詳しくは受験される年度の「受験要項」を確認してください。

図表2　受験資格対象業務

5年以上，900日以上が必要

受験資格区分 （資格・業務内容等）		必要な実務経験
A	社会福祉士など国家資格等に基づく業務に従事する者	A及びBの期間が通算して5年以上であり，かつ，当該業務に従事した日数が900日以上であること 【注意】 (1) Aに該当する者の当該業務従事期間は，当該資格の登録日以降の期間であること (2) Aの資格を有していても，要援護者に対する直接的な対人援助ではない業務（教育業務，研究業務，営業，事務等）を行っている期間は，実務経験には含まれない (3) 受験資格に該当する業務であることを確認するために添付書類が必要な場合がある (4) 同一期間に重複して複数業務に従事した場合は通算できない（また，1日に2か所で業務に従事した場合，従事日数は1日とする）
B	施設等において必置とされている相談援助業務に従事する者（施設の規定あり）	

＊受験資格，実務経験については，他にも国家資格や施設について細かい規定があります。受験年度の「受験要項」等にて確認してください。

問い合わせ先

　介護支援専門員実務研修受講試験担当課が各都道府県に設置されています。各都道府県にお問い合わせください。なお，公益財団法人社会福祉振興・試験センターが，介護支援専門員実務研修受講試験の試験問題の作成及び合格基準の設定に関する事務を都道府県から受託しています。

> ＊＊＊＊＊＊＊＊＊＊＊＊＊＊＊＊＊＊＊＊＊＊＊＊＊＊＊＊＊
> **試験・資格に関する問い合わせ先**
> **介護支援専門員実務研修受講試験担当課　一覧**
> http://www.sssc.or.jp/shien/に一覧が掲載されています。
> (担当課の名称は各都道府県で異なります。)
> ＊＊＊＊＊＊＊＊＊＊＊＊＊＊＊＊＊＊＊＊＊＊＊＊＊＊＊＊＊

受験アドバイス

　社会福祉士としての実務経験(p.156 参照)を５年積むと，介護支援専門員の受験資格を得ることができます。介護支援専門員試験は，社会福祉士の受験科目と重複する問題が多く，知識を忘れないうちに，また，大きな改正が施されないうちに，**早めに受験すること**をお勧めします。

介護支援専門員の仕事

　介護支援専門員（ケアマネジャー）は，2000（平成 12）年，介護保険導入にあわせて，実務研修が始まりました。介護保険法に基づき，要介護者や要支援者，家族などからの相談に応じ，心身の状況に応じた適切なサービスを利用できるよう，支援する職種です。具体的には，介護保険サービス事業者と連絡調整を行い，ケアプランを作成します。

図表3　介護支援専門員（ケアマネジャー）の主な仕事

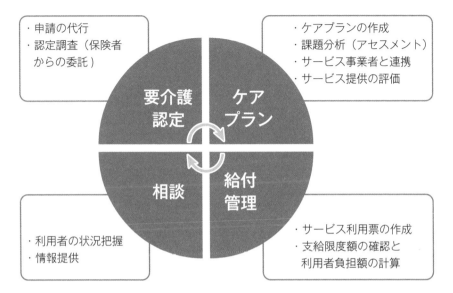

・申請の代行
・認定調査（保険者
　からの委託）

・ケアプランの作成
・課題分析（アセスメント）
・サービス事業者と連携
・サービス提供の評価

要介護
認定

ケア
プラン

相談

給付
管理

・利用者の状況把握
・情報提供

・サービス利用票の作成
・支給限度額の確認と
　利用者負担額の計算

介護支援専門員の主な勤務先

居宅介護支援事業所

・介護支援専門員が心身の状況や生活環境に沿って，ケアプラン（居宅サービス計画）を作成し，サービス事業所等との連絡・調整などを行う事業所

介護保険施設

・特別養護老人ホーム，介護老人保健施設，介護医療院，介護療養型医療施設

医療機関

・病院・診療所

介護支援専門員の求人例

職種	介護支援専門員
事業所	居宅介護支援（ケアプラン（居宅サービス計画）を作成し，サービスを提供する事業所等との連絡・調整などを行う）
雇用形態	正社員・常勤
募集人数	1人
福祉資格要件	介護支援専門員
福祉関係業務経験	不問
賃金	月給 200,000 円～280,000 円 手当込（ケアプラン実績数に応じて）
勤務体制	9：00～18：00，※休憩時間 60 分　残業は月5時間未満です。振替休日制度等充実

介護支援専門員の勤務形態

　調査によれば，介護支援専門員（ケアマネジャー）の勤務形態は，「常勤」（「常勤専従」と「常勤兼務」）を合計すると**約9割を占めます**。これは，介護保険制度の「人員・設備及び運営基準」や「報酬算定基準」において，「介護支援専門員は常勤でなければならない」と規定しているためです。介護支援専門員の求人もほとんどが「**常勤**」で**勤務することを条件**にしています。

図表4　介護支援専門員の勤務形態

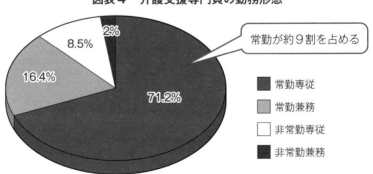

常勤が約9割を占める

2%　8.5%　16.4%　71.2%

■ 常勤専従
▨ 常勤兼務
□ 非常勤専従
■ 非常勤兼務

資料：「居宅介護支援事業所及び介護支援専門員業務の実態に関する調査」介護給付費分科会　介護報酬改定検証・研究委員会　第 17 回（平成 31 年 3 月 14 日）資料1－3（厚生労働省）

現場インタビュー

介護保険施設で介護支援専門員を務める
K さん（45 歳，女性）

Q

介護支援専門員の資格をなぜ取得しましたか？

A

　社会福祉士を取得したあと，7 年の実務経験を経て，介護支援専門員を受験しました。受験する直前に介護保険法が改正され，社会福祉士受験時に勉強した内容と大幅に変わってしまいました。もっと早く，**最短の 5 年で**，受けておけばよかったと反省しました。介護支援専門員の取得をお考えの方は，早めに計画したほうが勉強する量が少なくて済みます。

Q

　介護支援専門員を取得してよかったことは何ですか？

A

　介護支援専門員を取得したことで，基本給が上がりました。これは嬉しかったですね。また，社会福祉士と介護支援専門員を持つことで，勤務先を幅広く選べるようになりましたし，**転職する際はかなり有利**な資格だと思います。

精神障害者の社会復帰を手伝う

2 精神保健福祉士

国家資格
人気度 ★★★☆☆
難易度 ★★☆☆☆
将来性 ★★★★☆

「精神科ソーシャルワーカー（PSW）」と呼ばれる専門職の国家資格です。精神保健福祉に関する専門的知識や技術をもって，精神障害者に対し相談援助を行います。メンタルヘルスや社会的入院，認知症などの社会問題に尽力できる，注目度の高い資格と言えます。

精神保健福祉士になるには？

　社会福祉士国家資格登録後，短期養成施設等での修業により「精神保健福祉士国家試験の受験資格」を得ることができます。短期養成施設は修業期間が短いため，修業条件を満たせば入学年度に国家試験を受験することができます。また，精神保健福祉士国家試験のうち，「社会福祉士国家試験との共通科目」は免除になりますので，受験は「専門科目のみ」です。社会福祉士にとっては特典が多いので，プラスして取得する方が多い資格です。

図表5　資格取得までの流れ

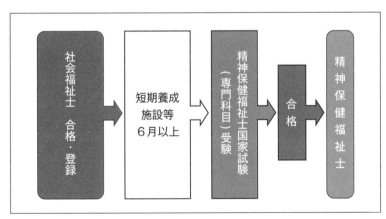

注意点！

他の福祉国家資格も同時に受験できます。

ダブル受験

社会福祉士と精神保健福祉士

同じ年にダブル受験が可能です。しかも，社会福祉士をすでに登録した者（登録申請中含む）は，受験申し込み時に必要な書類を提出することで，共通科目が免除されます。精神保健福祉士をすでに登録した者（登録申請中含む）は，必要な書類を提出し，共通科目が免除されます。

図表6　科目免除

	社会福祉士試験		精神保健福祉士試験	
	共通科目	専門科目	共通科目	専門科目
社会福祉士登録者	―	―	免除	受験
精神保健福祉士登録者	免除	受験	―	―

問い合わせ先

国家試験や精神保健福祉士資格に関する問い合わせ先は「公益財団法人 社会福祉振興・試験センター」（以下，試験センター）です。国家試験の申し込み先でもあります。外出先からでも問い合わせができるように，連絡先を控えておきましょう。

試験・資格に関する問い合わせ先

公益財団法人 社会福祉振興・試験センター

〒150-0002 東京都渋谷区渋谷1丁目5番6号　SEMPOS（センポス）ビル

専用電話番号（03-3486-7559）音声案内，24時間対応

http://www.sssc.or.jp/index.html

図表7　試験日時と試験科目，合格基準（第 23 回国家試験）

試験時間	
２月６日土曜日　午　後	２月７日日曜日　午　前
13 時 30 分〜15 時 50 分	10 時 00 分〜12 時 15 分
試験科目	
【専門科目】 ① 精神疾患とその治療 ② 精神保健の課題と支援 ③ 精神保健福祉相談援助の基盤 ④ 精神保健福祉の理論と相談援助の展開 ⑤ 精神保健福祉に関する制度とサービス，精神障害者の生活支援システム	【共通科目】 ① 人体の構造と機能及び疾病 ② 心理学理論と心理的支援 ③ 社会理論と社会システム ④ 現代社会と福祉 ⑤ 地域福祉の理論と方法 ⑥ 福祉行財政と福祉計画 ⑦ 社会保障 ⑧ 障害者に対する支援と障害者自立支援制度 ⑨ 低所得者に対する支援と生活保護制度 ⑩ 保健医療サービス ⑪ 権利擁護と成年後見制度 **社会福祉士登録者は共通科目受験免除**
配点・解答方法	
１問１点，80 点満点（試験科目の一部免除を受けた場合） ５選択肢のうち１〜２つの解答を選ぶ全問マークシート方式。記述問題はなし	
合格基準	
試験科目の一部免除を受けた受験者（社会福祉士登録者）は，次の２つの条件を満たした者を合格者とする。 １　問題の総得点の 60％程度を基準として，問題の難易度で補正した点数以上の得点の者（第 22 回国家試験は総得点 80 点に対し，得点 40 点以上の者が合格）。 ２　１を満たした者のうち，①から⑤の５科目群すべてにおいて得点があった者。	
第 22 回合格発表	
受験者数　6,633 人　　合格者数　4,119 人　　合格率　62.1％	

受験アドバイス

　社会福祉士と精神保健福祉士の国家試験は，出題内容が重複します。一度に受験勉強が済めば，それに越したことはないですね。ダブル受験が可能な受験生はダブル受験を，社会福祉士登録者は大きな改正が施されないうちに，早めに受験することをお勧めします。

精神保健福祉士の仕事

　精神障害者，認知症高齢者など，精神面（メンタル）に問題を抱えた対象者が，自立して日常生活を営めるように，社会参加や職場復帰のお手伝い，ご家族・関係機関との調整などを行う仕事です。「精神保健福祉士法」において精神保健福祉士は「精神保健福祉士の名称を用いて，精神障害者の保健及び福祉に関する専門的知識及び技術をもって，精神科病院その他の医療施設において精神障害の医療を受け，又は精神障害者の社会復帰の促進を図ることを目的とする施設を利用している者の地域相談支援の利用に関する相談その他の社会復帰に関する相談に応じ，助言，指導，日常生活への適応のために必要な訓練その他の援助を行う者」と定義されています。

精神保健福祉士の主な勤務先

医療機関

　精神保健福祉士は精神科病院・精神科診療所，一般病院の精神科などに配置されます。主治医，看護師，作業療法士などの他職種と連携をとりながら，精神保健福祉の業務を遂行します。「対象者に主治医がいれば，その指導を受ける」ことが法律上の義務として定められており，主治医の意見を聞き，指導を受ける場面も想定されます。なお，社会福祉士にはこの義務規定がありません。

司法機関

　医療観察法（心神喪失等の状態で重大な他害行為を行った者の医療及び観察

等に関する法律（2003（平成 15）年制定））に基づき，社会復帰調整官や精神保健参与員として，精神保健福祉士が任用されています。

行政機関

行政機関では，医療・福祉関係機関とネットワークを構築し，精神障害者の就労支援や地域移行支援を手伝います。地域精神保健福祉活動の拠点である精神保健福祉センターでは，精神保健及び精神障害者の福祉に関する知識の普及，調査研究や専門性の高い相談指導業務を行います。

図表８　精神保健福祉士の勤務先

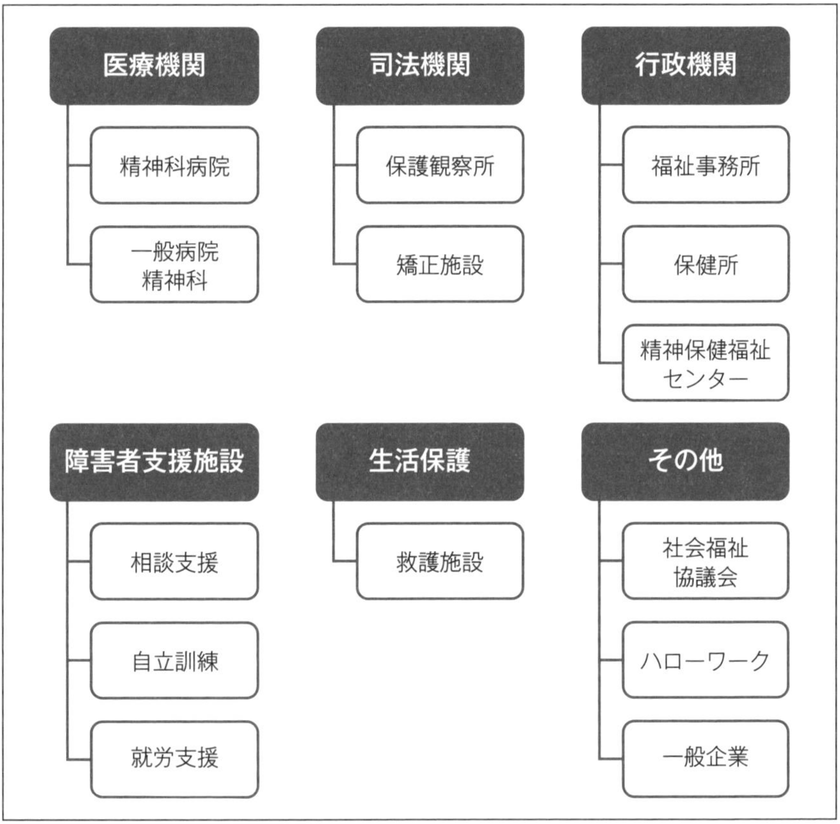

医療機関	司法機関	行政機関
精神科病院	保護観察所	福祉事務所
一般病院精神科	矯正施設	保健所
		精神保健福祉センター

障害者支援施設	生活保護	その他
相談支援	救護施設	社会福祉協議会
自立訓練		ハローワーク
就労支援		一般企業

精神保健福祉士の求人例

職種	ケースワーカー
事業所	市役所高齢・障害課
雇用形態	常勤職員
募集人数	1人
福祉資格要件	社会福祉士，精神保健福祉士
福祉関係業務経験	不問
賃金	月額　184,788円～291,920円 賞与あり，前年度実績年2回，計4か月分 時間外　通常はないが，緊急対応の場合等で発生する場合あり
勤務体制	平日　月～金　8：30～17：15（1時間休みあり） 休日　土日祝

精神保健福祉士の勤務形態

　調査によれば，精神保健福祉士の勤務形態は，「常勤」（「正規社員」と「非正規社員（常勤)」）を合計すると**約9割を占めます**。これは，障害福祉サービスや診療報酬の「報酬算定基準」において，「常勤でなければならない」と規定しているためです。

図表9　精神保健福祉士の勤務形態

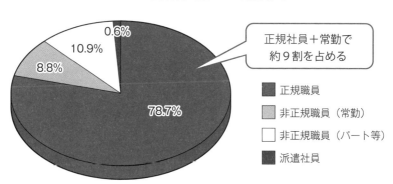

正規社員＋常勤で
約9割を占める

0.6%
10.9%
8.8%
78.7%

■ 正規職員
▨ 非正規職員（常勤）
□ 非正規職員（パート等）
■ 派遣社員

資料：「平成27年度精神保健福祉士就労状況調査結果」（公益財団法人社会福祉振興・試験センター）

現場インタビュー

障害者支援施設（生活介護事業所併設）で
生活支援員を務める J さん（52 歳，女性）

Q

社会福祉士とのダブル受験には挑戦されましたか。

A

社会福祉士の受験科目数 19 科目に圧倒されて，ダブル受験はしませんでした。ただ，精神保健福祉士と社会福祉士で**勉強する内容は重複します**ので，ダブル受験のほうがかえって楽だったかもしれません。

Q

精神保健福祉士を取得してよかったことは何ですか？

A

精神保健福祉士は持っている人が少ないため（90,808 人，2020（令和 2）年 7 月末日時点公益財団法人社会福祉振興・試験センター），人材として重宝されます。求人があれば採用される確率は高い，という印象です。ただし，資格をとって終わり，ではなく，関連する法律がめまぐるしく変化するので，資格をとった後も日々情報の更新が必要です。

Q

精神保健福祉の分野で最近，大きな動きはありますか。

A

地域移行支援です。精神科病院等に長期入院されていた精神障害者の方を地域での自立した生活に移行するという事業です。ご家族と同居しない場合は，住居を確保しなければなりません。また，病院や施設にいれば，そばに職員がいますが，地域移行となると即座に独居をサポートできるかどうか，そのスピードが求められます。地域での自立した生活を 24 時間体制で支えていけるのか，現場では大きな課題となっています。

第 **7** 章

社会福祉士の
新しい可能性

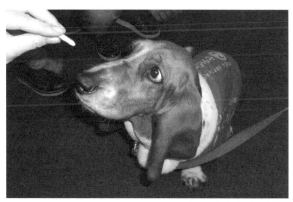

アニマルセラピーの様子

社会福祉士の新しい活躍分野を探求すべく，
社会保険のプロとして社会保険労務士，
少年事件・家事事件のプロとして家庭裁判所調査官から，
社会福祉士に寄せる期待を伺いました。
既存の枠組みにとらわれず
社会福祉士の可能性は無限に広がります。

社会保険労務士からの期待

社会保険労務士とは

　社会保険労務士の仕事は大きく分けて，①申請書類等の作成・手続き代行業務，②帳簿書類等の作成業務，③企業へのコンサルティング業務の３点です。①②は社会保険労務士の独占業務であり，業務全体に占める割合も大きいのですが，③については今後将来性が高く見込まれています。企業への新しい提案を構築するにあたり，労災の問題や社会福祉士との連携可能性について取材しました。

現場インタビュー

社会保険労務士事務所を経営されている
Ｔさん（46歳，女性）

労災問題について

Q

　社会福祉士と連携してお仕事の幅を広げていくとすると，どんな可能性がありますか？

A

　企業からのご相談で多いのは，従業員のメンタルヘルスの問題です。労災（労働者災害）については報道で注目されていることもあり，どの企業も真剣に取り組んでいます。うつ病等で長期療養されている方が会社に戻る際，リワーク支援が必要ですが，地域障害者職業センター★が拠点となりますので，障害者職業カウンセラー（社会福祉士）さんにはお世話になっています。

★地域障害者職業センター

　地域障害者職業センターでは障害者に対する専門的な職業リハビリテーショ

ンサービス，事業主に対する障害者の雇用管理に関する相談・援助，地域の関係機関に対する助言・援助を実施している。

Q

うつ病発症や長期療養に至る前に，予防策として何か講じることはできるのでしょうか？

A

法律上，残業の多い労働者に対して医師の面接が義務付けられています★。ただ，労働者からの申し出が前提となりますので，申し出がなければ見過ごされてしまうケースもあります。ご自身で医師の面接が必要かどうか判断できる早期に，少しでも動きを起こすべきですね。疲労がたまってしまうと冷静な判断ができなくなりますから。

★長時間労働者への医師による面接指導

脳・心臓疾患の発症が長時間労働との関連性が強いとされていることから，労働安全衛生法により，企業には，医師による該当者への面接指導を行うことが義務付けられている。また，労災認定された自殺事案には長時間労働であったものも多いことから，この面接指導の際には，うつ病等のストレスが関係する精神疾患等の発症を予防するために，メンタルヘルス面にも配慮されている。

資料：「長時間労働者への医師による面接指導制度について」（厚生労働省）

Q

各企業では産業医★を選任しています。メンタルヘルスの相談相手として受診率はいかがでしょうか？

A

会社とつながりのある産業医はいろんな意味で敷居が高いですし，医学的な助言であれば会社の外で思い切って相談したいというのが本音ではないでしょうか。医師は社会資源についての専門家ではないので，自分はどんな社会保険

や制度が使えるのか，気軽に相談できる「社会福祉士の窓口」が普及すると心強いですよね。

★産業医

　企業において労働者の健康管理等について，専門的な立場から指導・助言を行う医師のことである。労働安全衛生法により，一定の規模以上の企業には産業医の選任が義務付けられている。

精神障害と労災について

Q

　令和元年度は精神障害に関する労災の請求件数が 2,060 件，支給決定件数が 509 件でした。この数字をどのように捉えておられますか？

図表1　精神障害の労災補償状況

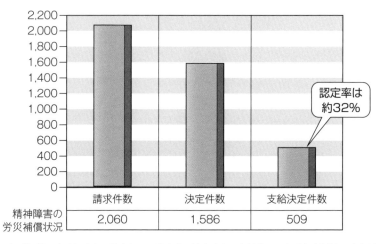

精神障害の労災補償状況	請求件数	決定件数	支給決定件数
	2,060	1,586	509

決 定 件 数：当該年度内に業務上又は業務外の決定を行った件数で，当該年度以前に請求があったものを含む

支給決定件数：決定件数のうち「業務上」と認定した件数である

資料：「令和元年度　過労死等の労災補償状況」（厚生労働省）

A

　精神障害に関する労災請求件数と支給決定件数は年々増加していますね。これは「心理的負荷による精神障害の認定基準」★の発表による基準の明確化や、過労死事件等の報道による問題意識の高まりなどによるものもあると思いますが、主たる原因の一つは各企業の人材不足による労働者一人ひとりにかかる業務量の増加が挙げられると思います。現に、労災認定を受けた人の月平均の時間外労働をみると 100 時間以上は 158 人。このうち 160 時間以上は 52 人でした。今後も労働力人口の減少が見込まれる中、企業にとっては、**人材の確保と長時間労働の削減に向けた取組が最も重要な経営課題**となるでしょう。

　★心理的負荷による精神障害の認定基準

　厚生労働省では、迅速な判断ができるよう、またわかりやすい基準となるよう、2011（平成 23）年 12 月に「心理的負荷による精神障害の認定基準」を新たに定め、これに基づいて労災認定を行っている。

　【精神障害の労災認定要件】

① 認定基準の対象となる精神障害を発病していること

② 認定基準の対象となる精神障害の発病前おおむね6か月の間に、業務による強い心理的負荷が認められること

③ 業務以外の心理的負荷や個体側要因により発病したとは認められないこと

Q

　うつ病を含む気分障害が原因で、会社を休んだ場合、休みが 4 日以上続くと私傷病（業務上以外の傷病）であれば健康保険制度の傷病手当金、業務上傷病であれば労災保険制度の休業補償給付の対象になります。T さんであればどのように助言されますか？

A

　安心して治療に専念するためにも、**収入に関する不安を早めに解消すること**

が必要ですね。いずれの申請も，本人が会社を経由して行います。まずは速やかに会社の人事部に相談して申請手続きを進めることをお勧めします。ただし，傷病手当金については注意すべき点が3点あります。

【傷病手当金（健康保険）の注意点】

① 受給期間には制限がある

受給できる期間に限度があるという点です。傷病手当金を受給できる期間は，受給を開始した日から最長1年6か月であり，それ以降はたとえ就労不能状態であったとしても傷病手当金は支給されません。

② 同一の傷病の場合，最長は1年6か月まで

同一の傷病につき，最初の給付から，最長1年6か月であるという点です。例えば，会社を休職し傷病手当金を受給しながら病気療養している社員が，病状が回復したため傷病手当金を1年間受給したところで復職したものの，復職から3か月後にまた病状が悪化し，再び同一の病気で休職した場合は，残り3か月間しか傷病手当金を受給できません。また，最初の休職で1年6か月分の傷病手当金を受給した後に，また同一の病気で休職したとしても，もう傷病手当金は受給できないということになります。

③ 受給するまでに時間がかかる

傷病手当金は，申請すれば即日に支払われるというものではありません。申請する健康保険組合等にもよりますが，申請書が正しく受理されてから手当金の支払までに，数週間から1か月程度かかるのが一般的です。これらの注意点を踏まえ，病名や病状によって申請のタイミングを慎重に判断すべきであることを本人に伝えるようにしています。

介護保険について

Q

社会保険労務士は介護保険制度において申請代行★ができます。介護保険関係で考えているプランはありますか？

A

　弊社は主に法人のお客様を対象にしているので，個人のお客様の申請を代行するのは，あまり現実的ではないかもしれません。ただ，多くの企業で介護したりされたりする従業員が今後も増えていきますので，**介護保険について知っておきたいというニーズは高いはずです**。昼休み等に出向いて介護相談窓口を開設したり，全社員向けに介護保険制度についてわかりやすく説明したりする機会を設けるのも有効ですね。介護保険は難しいですからね。その際には社会福祉士のアドバイスが不可欠になると思います。

★申請代行

　介護保険サービスを受けるためには，市区町村などの窓口で申請を行い，要支援・要介護認定を受ける必要がある。申請代行は依頼者（被保険者）の意思を踏まえて，申請書の入手，記入，提出等を被保険者に代わって行う。地域包括支援センター，居宅介護支援事業所のほか，社会保険労務士も代行ができる。

図表２　介護保険利用の流れ

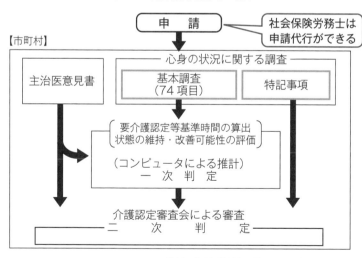

資料：「要介護認定に係る制度の概要」（厚生労働省）

Q

介護保険サービスについて，社会保険労務士の観点からその将来性をどのように見込んでおられますか？

A

知人で介護保険サービス事業を起業している方がおられますが，介護報酬の改正で一喜一憂しています。どんなに良質なサービスを提供しても，介護報酬の基準を超えて請求することはできませんから，厳しい世界ですね。

取材後記

さすが，社会保険労務士は社会保険のプロですね。法律の改正や最近の動向に常にアンテナを張っておられました。社会福祉士は実務上，接点のない社会保険については情報が古くなる一方ですから，社会保険労務士との連携で知識の更新を図ることができそうです（飯塚慶子）。

2 弁護士との連携

弁護士が胸につけるバッジは，外側に「ひまわり」，中央には「秤（はかり）」がデザインされ，ひまわりは自由と正義を，秤は公正と平等を表しています。近年，東京・大阪などでは知的障害や精神障害のある被疑者・被告人に対する弁護士派遣制度が始まりました。司法の場において，福祉的支援を必要とする対象者が増え，社会福祉士への協力ニーズが高まっています。

図表3　弁護士・社会福祉士の主な連携先

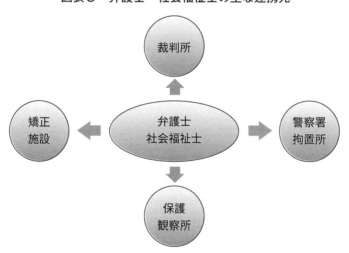

社会福祉士と弁護士の接点

弁護士が法律のプロだとすれば，社会福祉士は福祉のプロ，援助のプロです。相手を受容したり，相手の立場に共感したりする場面では，社会福祉士のそ

の高いコミュニケーション技術，特に「傾聴の技術」が強く求められます。社会福祉士の他に，家庭裁判所の調査官なども，傾聴のプロです。

社会福祉士と弁護士の協力体制

　例えば，法律上正しいことを説明しようとしても，相手がまったく聞いてくれないこともあるでしょう。こんなとき，「なぜ聞いてくれないのか」と，つい憤りを感じてしまいますが，それは伝える側の価値観であって，相手は話を聞く態勢になかったり，話を聞きたくなかったりするのです。

　そんな「情報を伝えにくい」状況であっても，社会福祉士は傾聴のプロとして，相手の視点に立ち，**自尊心を傷つけないように**，一つひとつ問題点を伝えていきます。事態が好転しないとつい先へ急ぎがちですが，相手の本音にじっくり歩み寄ることが実は最も確実な手法なのです。その一生懸命で誠実な姿勢が，その場のよどんでしまった**空気**を，**一掃**することもあります。社会福祉士は法律の世界でも解決策を導くナビゲーターであり，欠かせない専門職なのです。

関連データ

弁護士・社会福祉士連携モデル

　日本社会福祉士会では，日本弁護士連合会との連携により，都市部における弁護士・社会福祉士の連携モデル事業を実施した。被疑者や被告人が福祉的な支援を必要とする場合（高齢者・障害者等）に，福祉専門職である社会福祉士が，更生支援計画書の作成など，司法関係機関に対して協力する。ただし，更生支援計画作成にあたっては，社会福祉士は司法判断に踏み込まないと規定されている。

図表4　弁護士・社会福祉士連携モデル（神奈川）

資料：平成25年度　セーフティネット支援対策等事業費補助金 社会福祉推進事業「被疑者・被告
　　　人への福祉的支援に関する弁護士・社会福祉士の連携モデル推進事業」（日本社会福祉士会）
　　　をもとに作成

社会福祉士等との連携のための援助金制度

　近年，東京・大阪などでは，知的障害や精神障害のある被疑者・被告人に対
する弁護士派遣制度が開始された。これに伴い，東京三弁護士会などでは窓口
を通じて，東京社会福祉士会又は東京精神保健福祉士協会に連携を依頼する仕
組みや，費用助成（原則上限5万円）の制度が始まった。

③ 家庭裁判所調査官への飛躍

家庭裁判所とは

　家庭裁判所は，夫婦や親族間の争いなどの家庭に関する問題を家事審判や家事調停，人事訴訟などによって解決するほか，非行に走った少年について処分を決定します。いずれも法律的な解決を図るだけでなく，事件の背後にある人間関係や環境を考慮した解決が求められます。

家庭裁判所調査官とは

　人間関係や環境などを調査するために家庭裁判所に家庭裁判所調査官が置かれ，例えば，離婚，親権者の指定・変更等の紛争当事者や事件送致された少年及びその保護者と面接し，紛争の原因や少年が非行に至った動機，生育歴，生活環境等を調査します。

　家庭裁判所調査官になるためには，家庭裁判所調査官補として採用された後，裁判所職員総合研修所に入所し，約2年間の研修を受ける必要があります。

図表5　少年事件の処分の流れ

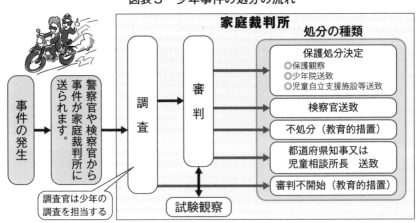

資料：「少年事件の処分について」（裁判所）

少年審判の様子

　非行少年の再非行を防止することを目的として，少年が本当に非行を犯したかどうかを確認の上，非行の内容や少年の抱える問題性に応じた再非行防止のための適切な処分を選択するための手続きである。

　資料：「少年審判」（裁判所）

現場インタビュー

　社会福祉士国家資格をお持ちで，
　家庭裁判所調査官として活躍されるTさん（女性）

資格をめざしたきっかけ

Q

　社会福祉士，家庭裁判所調査官（以下，調査官）をめざそうと思われたきっかけを教えてください。

A

　「人に関わる仕事」をしたいと思っていました。今までの人生を振り返ると，自分が失敗したときに必ず救ってくれた人，支えてくれた言葉がありました。今度は，**自分が支える側に回りたい**，それが社会福祉士や調査官をめざした原点です。

　加えて，人の基礎を作る「家族」のあり方に興味がありました。この「家族」の問題を扱う仕事で，なおかつ，**男女の区別なく長く安定して働ける仕事を**，職業や資格の本で探していたところ，これらの資格や仕事にたどり着きました。

Q

　大学では心理学を学ばれていますよね。社会福祉との接点はどのように生まれましたか？

A

　心理学を専攻する中で，人や家族を援助する枠組みとして，**人の内面を理解すること**を学びました。ほかに，社会資源として，法律や社会保障などの**体制も学ぶ必要**があると思い，社会福祉にも興味を持つようになったわけです。そこから，社会福祉士をめざすようになりました。

Q

　社会福祉士と家庭裁判所調査官補（以下，調査官補）の両方を受験するとなると，試験勉強は大変ではなかったでしょうか？

A

　社会福祉士の国家試験科目と調査官補の試験科目は，かなり重複します。私は同じ年に社会福祉士と調査官補の試験を受けました。社会福祉士の受験勉強のときに，**知識の土台**が固まれば，調査官補試験の受験はそれほど難しくありません。一度に試験勉強が終わるのは魅力でもあります。

図表6　総合職試験（家庭裁判所調査官補，大卒程度）

試験	試験種目	内容・出題分野・出題数	解答数	解答時間	配点比率
第一次試験	基礎能力試験	公務員として必要な基礎的な能力（知能及び知識）についての筆記試験 ［知能分野］　27題 ［知識分野］　13題	40題	3時間	4/15
第二次試験	専門試験記述	家庭裁判所調査官補に必要な専門的知識などについての筆記試験 次の5領域から出題される15題のうち選択する2題※1,※2 心理学に関する領域（3題） 教育学に関する領域（3題） 福祉に関する領域（3題） 社会学に関する領域（2題） 法律学に関する領域（民法2題，刑法2題）	2題	2時間	4/15
	政策論文試験	組織運営上の課題を理解し，解決策を企画立案する能力などについての筆記試験	1題	1時間30分	1/15
	人物試験Ⅰ※3	人柄，資質，能力などについての個別面接			2/15
	人物試験Ⅱ※3	人柄，資質，能力などについての集団討論及び個別面接			4/15

※1　どの科目を解答するかについては，試験当日に問題を見た上で選択できます。

※2　六法を試験場において各受験者に貸与し，その六法の使用を認めます。その他の試験では，六法の使用は認めません。

※3　人物試験Ⅰ及び人物試験Ⅱは同日に実施される予定です。

(注)　総合職試験（家庭裁判所調査官補，院卒者区分）と共通の試験問題で行います。ただし，第1次試験基礎能力試験は，解答する問題数が異なります。

Q

合格までに苦労されたことや工夫されたことはありますか？

A

社会福祉士の試験

とにかく**基本知識の定着**が重要です。これは実務の上でも役に立ちます。コンパクトにまとまっている参考書をじっくり読んで，暗記するのがお勧めです。

調査官補の試験

筆記試験対策はもちろんですが，加えて，調査官の仕事に就きたいという熱い思い，情熱が大事です。調査官補試験は人物試験（面接）のウエイトが大きいので，この**仕事にかける思い**を訴える場面があります。私の場合，**社会福祉士の資格**を取得していることで，社会福祉の**知識を習得**している，現場での**実習経験**があるという点がアピールポイントになったと思っています。

社会福祉士の資格をもつメリット

Q

社会福祉士の資格を取得されてよかったと思われることを教えてください。

A

社会福祉の全般的な基礎知識を勉強できたこと，実習経験が，今日の調査官として仕事をする上での土台となっています。

図表7　社会福祉士と家庭裁判所調査官

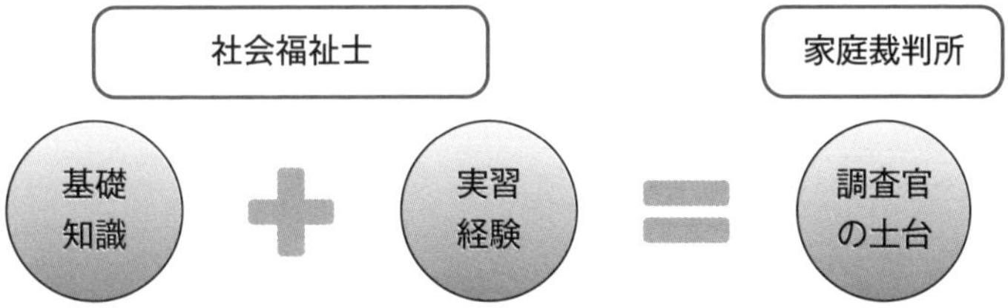

調査官は，家事事件では「家庭での紛争の実情」，少年事件では「非行に至った経緯」を調査することが主な仕事ですが，調査の過程では，**ケースワークの技術**が求められることもあります。どうすれば紛争が解決するか，どうすれば更生するかといった問題解決の視点を持ち，必要に応じて，少年や当事者に**助言や教育的な働きかけを行い**，関係機関と連絡調整を行います。これは調査官と社会福祉士の役割が重なる領域であり，司法分野において社会福祉士資格を生かして仕事をしている場面です。また，児童福祉や高齢者福祉の相談機関，施設等の関係機関と連携を図る際に，社会福祉士であることによって，**双方の共通理解が深まる**メリットがあります。

家事調停

裁判官又は家事調停官と民間から選ばれた家事調停委員とが，当事者等の言い分をよく聴き，中立の立場から，全員が納得のいく，適切で妥当な解決ができるよう合意をあっせんする手続きである。
資料：「家事調停」（裁判所）

仕事の7つ道具

Q

お仕事で日常的に使用されている「7つ道具」を教えていただけますでしょうか？

A

① ノート

面接ではノートを使います。裁判所は主に結論を出す役目を担いますが，それまでの**過程**や，**その先の将来**も重要視しています。対象者が今，自分の問題に気づけてよかった，これから**ピンチをチャンスに変えられるか**，そんな面接でのやりとりを書き留めています。

② パソコン

裁判官に提出する調査票を作成するときはパソコンを活用します。調査結果が正しく伝わるように，「**事実**」と「**意見**」をしっかり分けて記載します。社会調査や社会福祉援助技術で勉強した「**記録の書き方**」が役に立っています。

③ 手帳

スケジュール管理に必要です。

④ 地図（スマホ地図アプリ）

⑤ 歩きやすい靴

少年や当事者には裁判所にいらしていただく場合もあれば，状況を直接確認するため，私から出向くケースも少なくありません。行き先としては，ご家庭，学校，少年鑑別所，児童相談所，高齢者福祉施設などです。最寄り駅から歩く場所も多いので，靴と地図は必須アイテムです。対象者と同じ道順をたどれば，**同じ景色を感じる**ことができます。

また，少年や当事者に「○○へ行ってください」と伝えてもなかなか実行するのが難しいので，「**一緒に行きましょう**」と働きかけ，同行することもあります。おのずと行動範囲はかなり広くなりますね。1週間のうち，2，3回程度は出張しています。

⑥ 六法

自分で調べることにも使いますし，法律を少年に見せることもあります。世の中の**ルールや仕組み**を伝える手段の一つです。少年法や刑法は少年には少し難しいので「法律ではこう書いてありますよね」と短い文章を指し示して，そのあと解説を加えます。

⑦　ウォームハート＆クールヘッド

　裁判所は常に中立的な立場をとりますので，対象者の完全な「味方」になることは難しいのです。ただ姿勢としては，ウォームハート（＝相手を尊重して接すること）で，クールヘッド（＝解決までの道筋を冷静に考えること）を実行します。

嬉しかった言葉

Q

　少年や当事者に言われて嬉しかった言葉はありますか？

A

　「ここ（裁判所）で**気づけてよかった**」と言っていただけると，そのあとは少年や当事者が自分の力で目標に向かって**歩いていける**気がします。非行少年の場合などは，本人の生い立ちをたどり，「ここまではがんばっていたのに，ここで違う方向に進んでしまったね」，「このとき，もっとゆっくり考え直せればよかったね」，と話し合いながら，一緒にこれから先のことを考えます。言葉にならなくても，少年や当事者の**表情やしぐさの変化**で，大きな前進を感じることもあります。

1日の過ごし方

Q

　1日の過ごし方を教えていただけますか？

A

ある日の過ごし方を以下にまとめました。

時刻	仕事
8 時 30 分	出勤
9 時	組・定例ケース会議（事例検討会議）
10 時	少年・保護者調査面接
12 時 15 分〜	昼休み
13 時	出張（鑑別所，家庭訪問など），少年調査票作成，裁判官に中間報告，関係機関との連絡調整，調査期日通知書，照会書の作成
17 時	終業

めざす方へ，応援メッセージ

Q

社会福祉士，調査官をめざす方へ，メッセージをお願いします。

A

社会福祉士も，調査官も，問題を抱えた当事者と密に関わり，その**転機に立ち会います**。責任は重いですが，**やりがいも大きい**と思います。

調査官補の試験は，社会福祉士の勉強の延長で進められますし，社会福祉士の資格を取得されていたり，福祉の実務経験をお持ちだったりすれば，**アピールポイント**につながると思います。何よりも，調査官の仕事は**社会福祉マインド**を十分に発揮できる仕事です。調査官の仕事に興味を持たれた方は，是非一度，裁判所のホームページをご覧ください。

取材後記

Tさんは，終始語りかけるようにお話ししてくださり，頭ではなく，心で相手と接する方でした。自然な起承転結を経て，取材が終了しました。Tさんは調査官，社会福祉士の資格を所有した後も自己啓発に努め，常に知識を更新しながら，クライエントの歩調にあわせておられます。新しい情報を入手すると，つい相手の状況を顧みず教示しがちですが，知識を振りかざさず，冷静に伝える技術を見習いたいと思いました（飯塚慶子）。

＜参考文献等＞

はじめに

　石川県 HP（平成 29 年）「里親制度について」

第 1 章

　社会福祉振興・試験センター HP「平成 27 年度社会福祉士・介護福祉士就労状況調査」

第 2 章

　社会福祉振興・試験センター HP「受験資格（資格取得ルート図）」

　厚生労働省　「第 32 回社会福祉士国家試験合格発表　これまでの試験結果」

第 3 章

　飯塚　慶子　『よくでる法律・白書　暗記本＆音声解説 CD 』テキスト

　　　　　　　『DVD 教材　＋10 点暗記力完成講座』テキスト

　　　　　　　『飯塚慶子の受験対策講座』

　　　　　　　『CD 教材　国家試験全問　暗記本＆音声解説』テキスト

　　　　　　　『社会福祉士の合格教科書』テコム

　　　　　　　『よくでる人物・年号　暗記本＆音声解説 』テキスト

　厚生労働省　「公的年金制度の概要」

　　　　　　　「障害者総合支援法」

第 4 章

　内閣府 HP　男女共同参画局「被害者援助のための DV 加害者更生プログラム」

　　　　　　　男女共同参画局「配偶者からの被害経験」

　内閣府　男女共同参画局「配偶者暴力防止法」

　　　　　「男女間における暴力に関する調査」（平成 29 年度調査）

　　　　　「東京圏　国家戦略特別区域会議（平成 29 年 2 月 10 日）」

　　　　　障害者政策委員会「地域生活定着支援センターと連携した特別調整のイメ
　　　　　　　　　　　　　ージ図」

　法務省　『令和元年版　犯罪白書』

　　　　　『平成 29 年版　犯罪白書』「検察庁における社会復帰支援」

　　　　　『平成 28 年版　犯罪白書』「検察庁における高齢者・障害者に対する再犯
　　　　　防止の取組」

　　　　　『令和元年版　犯罪白書』「検察庁における社会復帰支援の取組」

「少年審判と処遇の流れ」

「成年後見制度〜成年後見登記制度〜」

厚生労働省 HP 「社会福祉士及び社会福祉主事の任用の状況」

「地域保健に関連する様々な施策」

厚生労働省 「がん診療連携拠点病院等」

「一時生活支援事業の手引き」

「地域活動支援センターの概要」

「医療計画の概要について」

「全国介護保険担当課長会議資料（平成 13 年 9 月 28 日）」

「社会保障審議会介護保険部会 (第 51 回) 資料 2（平成 25 年 10 月 30 日）」

「喀痰吸引等制度について」

「介護療養型医療施設及び介護医療院（社会保険審議会－介護給付費
分科会）第 144 回（平成 29 年 8 月 4 日）参考資料 3」

「児童養護施設入所児童等調査結果（平成 30 年 2 月 1 日現在)」

「社会的養護の現状について」

「平成 30 年度　福祉行政報告例の概況」

「児童虐待の定義と現状」

「里親制度（資料集）平成 30 年 10 月　子ども家庭局　家庭福祉課」

「里親ハンドブック」

「特別養子縁組に関する調査結果について (平成 29 年 1 月 13 日現在)」

「子ども虐待対応の手引き（平成 21 年 3 月改正版)」

「児童虐待防止のための親権制度研究会報告書　添付資料」

「みんなのメンタルヘルス」

「障害者の法定雇用率の引き上げについて」

「令和元年　障害者雇用状況の集計結果」

「障害者雇用給付金制度の概要」

「日常生活自立支援事業」

警視庁 「少年警察活動規程」

政府広報オンライン 「児童虐待から子どもを守るための民法の「親権制限制度」」

愛知県 HP 「家族再生のための地域型家族支援マニュアル」

家庭裁判所 「家庭裁判所調査官」

「試験の実施結果」

「成年後見制度のパンフレット」

福祉医療機構　経営サポートセンターリサーチグループ

「2018 年度（平成 30 年度）特別養護老人ホームの経営状況について」

神奈川県　「障害者の方を対象とした職業訓練　トライ！」

Ｅさん作成　「講演会資料」

さなちゃん　「手紙・イラスト」

第5章

日本社会福祉士会　「パンフレット（一部引用）」

「日本社会福祉士会資料　勤務先会員数（2017 年 1 月 31 日）」

『ぱあとなあ受任状況　2018 年 2 月　報告書』

「独立型　社会福祉士名簿登録者」2020 年 7 月 14 日時点

「日本社会福祉士会資料」

「独立型　社会福祉士名簿とは」

広島県社会福祉士会　「権利擁護センターぱあとなあひろしま資料」

厚生労働省　「社会福祉士養成課程における教育内容等の見直しについて」

東京家庭裁判所・東京家庭裁判所立川支部　「成年後見人等の報酬額のめやす」

認定社会福祉士認証・認定機構　「認定社会福祉士制度」

第6章

厚生労働省　「居宅介護支援事業所及び介護支援専門員業務の実態に関する調査」

介護給付費分科会　介護報酬改定検証・研究委員会　第 17 回（平成

31 年 3 月 14 日）資料 1 － 3

社会福祉振興・試験センター　「平成 27 年度　精神保健福祉士就労状況調査結果」

第7章

厚生労働省　「長時間労働者への医師による面接指導制度について」

「令和元年度　過労死等の労災補償状況」

「要介護認定に係る制度の概要」

日本社会福祉士会　平成 25 年度　セーフティネット支援対策等事業費補助金 社
会福祉推進事業「被疑者・被告人への福祉的支援に関する弁護士・社
会福祉士の連携モデル推進事業」

裁判所　「少年事件の処分について」

　　　「少年審判」
　　　「家事調停」

試験・資格に関する問い合わせ先

＜社会福祉士　国家試験＞
　　公益財団法人　社会福祉振興・試験センター
　　〒150-0002
　　東京都渋谷区渋谷1丁目5番6号　SEMPOS（センポス）ビル
　　TEL 03-3486-7559　音声案内，24時間対応
　　http://www.sssc.or.jp/index.html

＜日本社会福祉士会・認定社会福祉士＞
　　公益社団法人　日本社会福祉士会
　　認定社会福祉士認証・認定機構
　　〒160-0004
　　東京都新宿区四谷1丁目13　カタオカビル2階
　　TEL 03-3355-6541　FAX 03-3355-6543
　　受付時間（2020年4月27日から短縮）
　　月曜日～金曜日（祝祭日等を除く）10：15～16：15

＜介護支援専門員　実務研修　受講試験　担当課＞
　　各都道府県で名称が異なるため，各都道府県庁にお問い合わせください。

あとがき

うつむいたままでも，昨日と景色が変わらなくても，
社会福祉士へ，螺旋の虹がかかり
いま，空を見上げる力になりますように

著者　飯塚　慶子

公益社団法人　日本社会福祉士会　紹介

　私ども，公益社団法人日本社会福祉士会は，「社会福祉士」の職能団体です。
　社会福祉士の倫理綱領や行動規範を定め，研修等を通じて専門的技能を磨き，社会福祉士の資質と社会的地位向上に努めるとともに，全国47の都道府県社会福祉士会と協働して人々の生活と権利の擁護及び社会福祉の増進に寄与することを目的としています。
　40,000人を超える社会福祉士が，すでに都道府県社会福祉士会の会員となっています。

沿革
1987年 5月　「社会福祉士及び介護福祉士法」公布
1993年 1月　日本社会福祉士会（任意団体）を設立
1994年12月　全都道府県に社会福祉士会を設置
1995年 1月　「ソーシャルワーカーの倫理綱領」を採択
1996年 4月　社団法人日本社会福祉士会を設立（任意団体から組織変更）
1998年 7月　国際ソーシャルワーカー連盟に正式加盟
2005年 6月　「ソーシャルワーカーの倫理綱領」を改訂，「社会福祉士の倫理綱領」採択
2011年10月　認定社会福祉士認証・認定機構設立
2014年 4月　公益社団法人に移行

　2011年には，社会福祉士のキャリアアップを支援する仕組みとして，実践力を認定する「認定制度」を制定することになりました。
　社会福祉士の活躍の場は今や，福祉，医療，教育，司法など，社会全体に広がっています。私たちは，関係機関の専門職の人たちと力を合わせ，多くの方々が住み慣れた地域で，安心した生活をおくれるよう支援しています。

●所在地
公益社団法人　日本社会福祉士会
〒160-0004
東京都新宿区四谷1丁目13　カタオカビル2階
TEL　03-3355-6541（代）　FAX　03-3355-6543
受付時間（2020年4月27日から短縮）
月曜日～金曜日（祝祭日等を除く）10：15～16：15
mail:info@jacsw.or.jp
http://www.jacsw.or.jp/

●著者紹介●

飯塚　慶子（いいづか　けいこ）

神奈川県生まれ。
慶應義塾大学　文学部　人間関係学科社会学専攻　卒業
慶應義塾大学大学院　政策・メディア研究科修士課程　修了
全国社会福祉協議会　中央福祉学院　社会福祉士通信課程　卒業

現在，介護保険施設におけるソーシャルワークの経験から，大学・養成施設にて後進の指導にあたり，多くの社会福祉士を輩出している。暗記を中心に「合格の近道」を貫く国家試験対策においては，講座が連日満席になるほどの人気講師である。自身のホームページで合格勉強法を配信している。http://keikoiizuka.com/
社会福祉士，介護支援専門員（ケアマネジャー）
社会福祉士実習指導者　東京社会福祉士会会員　宅地建物取引士
裏千家許状中級「和巾点」，特殊小型船舶操縦士免許，スキー検定1級

主要著書
【DVD教材】＋10点暗記力完成講座　共通・専門　飯塚事務所
【音声教材】国家試験全問　暗記本＆音声解説　共通・専門　飯塚事務所
【音声教材】よくでる人物・年号　暗記本＆音声解説　飯塚事務所
【音声教材】よくでる法律・白書　暗記本＆音声解説　飯塚事務所
『社会福祉士の合格教科書』テコム
『イラストでみる社会福祉用語事典』テコム
『社会福祉士 養成基本テキスト　国試対応　第2巻　福祉政策と実施体制』日総研出版，共著

こんなにおもしろい
社会福祉士の仕事〈第2版〉

2018年9月10日　第1版第1刷発行	
2019年10月20日　第1版第3刷発行	
2021年2月20日　第2版第1刷発行	

著　者　飯　塚　慶　子
発行者　山　本　　　継
発行所　㈱　中　央　経　済　社
発売元　㈱中央経済グループ
　　　　パブリッシング

〒101-0051　東京都千代田区神田神保町1-31-2
電　話　03(3293)3371 (編集代表)
03(3293)3381 (営業代表)
https://www.chuokeizai.co.jp
製　版／㈲イー・アール・シー
印　刷／三英印刷㈱
製　本／㈲井上製本所

©2021
Printed in Japan

※頁の「欠落」や「順序違い」などがありましたらお取り替えいたしますので発売元までご送付ください。（送料小社負担）
ISBN 978-4-502-37511-8　C2334

中央経済社の本

こんなにおもしろい仕事シリーズ

こんなにおもしろい
弁護士の仕事

千原 曜　日野 慎司

弁護士には多くのメリット、デメリットもあります。
それでも、
チャレンジする価値のある仕事
だと思います。

中央経済社

千原 曜　日野慎司［著］
定価 本体 1,800 円＋税

こんなにおもしろい
司法書士の仕事

山本 浩司

第9版

あなたも
最後のフロンティア
司・法・書・士 に
挑戦してみませんか
司法書士試験のカリスマ講師
山本浩司の最新版!!

中央経済社

山本浩司［著］
定価 本体 1,800 円＋税

こんなにおもしろい
社会保険労務士の仕事　第2版

田中 実

厳しい時代だからこそできた！
新たな仕組みと
工夫で大きな
成功をつかむ！
──他の誰もが通っていない路を創った

中央経済社　●定価 本体 0,000 円＋税

田中 実［著］
定価 本体 1,850 円＋税

こんなにおもしろい
中小企業診断士の仕事　第4版

建宮 努

意外と大企業の中枢で取得者が多い資格です
ビジネスをコントロールするポジションを目指す方に最適な資格！

中央経済社　●定価 本体 0,000 円＋税

建宮 努［著］
定価 本体 1,980 円＋税

定価変更の場合はご了承ください。